歴史文化ライブラリー
270

風水と家相の歴史

宮内貴久

吉川弘文館

目　次

風水とは？――プロローグ

1　風水とは？

東アジアの風水

風水《ふうすい》という言葉を、耳にしたり眼にするようになって、一〇年ほどになるだろうか。コトバとしての風水は日本語として定着しつつあるように感じられる。私が風水に興味を持ち研究を始めた一九九〇年代初頭は、研究会などで「研究テーマは？」と聞かれ、「日本の風水についてです」と答えても、誰も風水というコトバは知らなかった。「風水害」と勘違いされることもしばしばあった。それを裏付けるように大手新聞の記事検索や、国会図書館の蔵書検索で「風水」という言葉で検索すると、九〇年代初頭までは「台風一九号全国各地で猛威をふるう　風水害により被害」という記事や、『愛知の風水害』という書籍などがヒットする。その頃を思い返せば、まさに隔世の感がある。

「風水とはいったい何であろうか?」と勤務先の学生に聞くと、「占いのようなもの」「部屋のインテリアの配置で幸せになれる」「黄色い財布を持つと金運が上がる」「ドクターコパ」「カーテンの色や家具やベッドの配置」「インテリアの色」などさまざまな答えが返ってくる。

では、風水とは何であろうか。

風水とは?

風水とは古代中国で誕生した思想である。大地の気の流れと土地の相を判断し、そこに暮らす人々に降りかかる災禍《さいか》を防ぎ、同時に幸福を招こうとする考え方である。死者の場である墓を「陰宅《いんたく》」、都市・村落・住居など生きている人間の場を「陽宅《ようたく》」と呼ぶ。良い地相の土地に「陰宅」と「陽宅」をバランス良く建設することにより、そこに住まう人々、さらに未来の子孫の幸福を願い、災禍を避けるための思想とその実践である。「地理」「堪輿《かんよ》」「相地《そうち》」ともいう。中国で誕生した風水は、朝鮮半島、台湾など東アジア全域に広がり、墓の建設、都市や村落の建設、家屋の在り方に大きな影響を与え続けている。

日本本土では、近世末期に陽宅風水が、家屋の間取りの吉凶判断をする、家相という形で普及していった。本来、風水は「陰宅」と「陽宅」をバランス良く建設することが必要とされるが、現代の日本本土では陰宅風水はほとんど問題にされない点が特筆される。先の学生の「部屋のインテリアの配置で幸せになれる」という答えは、陽宅風水のもっともミクロな部分を指している。

理想的風水

風水でもっとも良いとされる理想的な地形とは次のようなものである。大地の気はその源である崑崙山《こんろんさん》から流れてくる。気の流れを地脈《ちみゃく》といい、龍に象徴され「龍脈《りゅうみゃく》」とも呼ばれる。その気が充満している場所を「穴《けつ》」と呼ぶ。地形に目を点ずると、北側に主山《しゅざん》と呼ばれる高い山がある。そして東と西にも山脈が連なり、南側は開け川が流れている。これが理想的な風水の地形である。東を青龍《せいりゅう》、西を白虎《びゃっこ》、南を朱雀《すざく》、北を玄武《げんぶ》といい、日本では一二世紀期以降「四神相応《しじんそうおう》の地」と呼ばれるようになった。この理想的風水は図1のように女性器を模しており、その造形は中国や沖縄などにある図2のような「亀《かめ》甲墓《こうぼ》」のデザインにも見ることができ

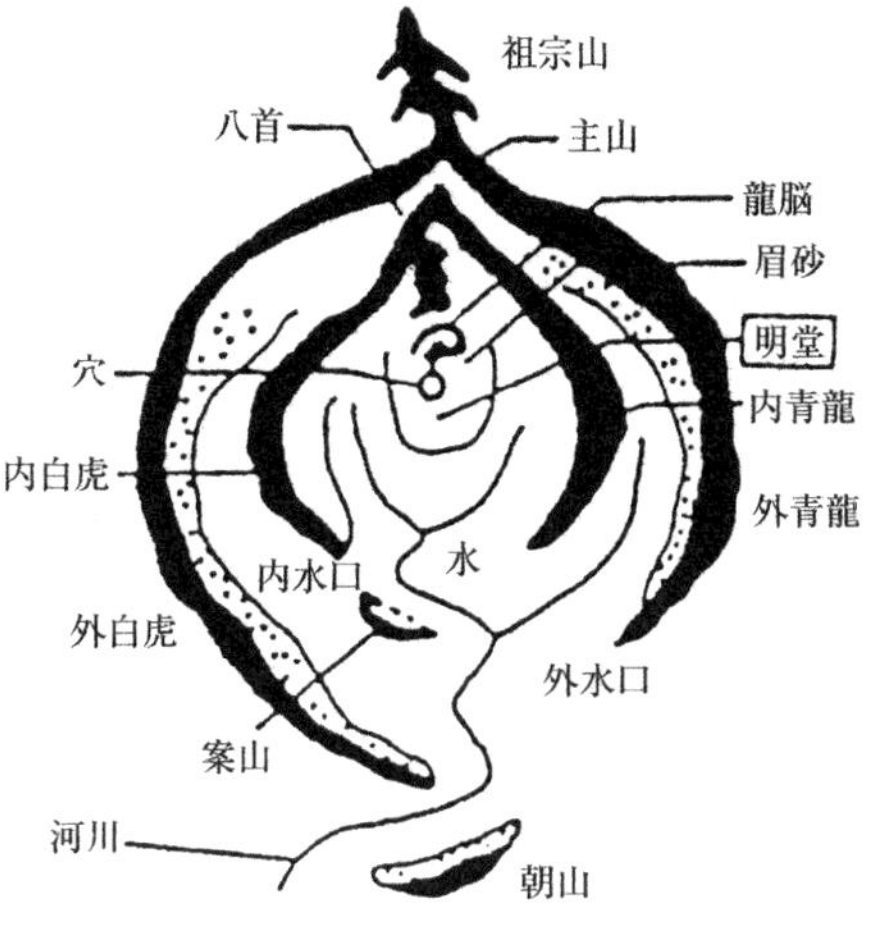

図1　理想的風水の図

図2　沖縄の亀甲墓

る。

風水ブーム　一九九〇年代から、香港、韓国など東アジアにおいて、風水ブームともいうべき現象が起こった。

香港では生活の細部にわたって風水が浸透している。屋外から入ってくる悪い気を跳ね返すための鏡が住宅の窓に掛けられていたり、世間話の中にも風水は頻繁に登場するという。また、企業が法律顧問の弁護士とともに、風水顧問として風水師を雇うことも珍しくない。中国返還前の香港政庁は公共工事の際の予算に「風水対策費」を計上していた。

「風水戦争」

中国銀行対香港上海銀行、あるいは中央銀行対総督府《そうとくふ》の「風水戦争」が噂された。香港上海銀行は一九八六年に竣工した建物で、設計の段階から風水師が関与した。銀行の利益を逃さないようにエスカレーターを斜めに配置したり出入り口の配置を考慮するなど風水に基づいて設計された。そして、一九八九年には近くに中国銀行が竣工した。この建物は三角形をモチーフにしたデザインで、先端の鋭利な角が香港上海銀行と総督府を向いており、人々は風水によるデザインと考え、香港上海銀行と総督府に対する「風水戦争」と噂した。香港の風水戦争については、一九九六年一〇月二七日の『朝日新聞』朝刊で、「風水怪談（香港返還　街角）」という記事で報道されている。

実は似たようなことが韓国でも起きた。野崎充彦によれば、一九九六年頃のことである。ソウル有数の繁華街に産業銀行という銀行がある。ある時同行では詐欺《さぎ》事件など不祥事が続き、その対策に悩んだ銀行首脳は風水師の助言に基づいて出入り口を設けた。この出入り口は実際には必要がないもので、道路を隔てて向かいにある韓国銀行に向いていた。その結果、産業銀行はぴたりと不祥事が無くなり、そのかわりに今度は韓国銀行が盗難にあったり、詐欺事件に巻き込まれるなど不祥事が続いたという。

「日帝断脈説」

日本ではほとんど知られていないが、韓国では誰もが知っている風水にまつわる話がある。それは「日帝断脈説」というものである。野崎充彦・崔吉城によれば植民地統治下、朝鮮総督府が朝鮮人の反抗を恐れて、白頭山を源とする大地の気の流れ＝龍脈を絶つために鉄柱を地下深くに打ち込んだり、鉄道や道路を敷設したりして風水を悪くしたというものである。また、朝鮮王朝の王宮だった景福宮《けいふくきゆう》の正面を遮るように朝鮮総督府の建物が建てられたのも、気脈を絶ち王朝の力を弱体化させるためだという。その真偽はともかく、朝鮮総督府は村山智順《ちじゆん》により『朝鮮の風水』という大著を昭和六年（一九三一）に刊行しており、風水に無関心ではなかったようである。日本では、一九九五年三月一日の『朝日新聞』夕刊で、「『恨』一掃へ国民運動始まる『解放五〇年』迎える韓国」という見出しで、慶尚北道清道郡で朝鮮総督府が風水信仰を断つために、気脈が走ると信じられていた岩山の中腹に打ち込んだとされる鉄杭が抜かれたことを報道している。

断脈とは反対の次のような興味深い現代民話を島村恭則は報告している。

慶尚北道《けいしようほくどう》の道庁は風水上たいへんいい場所に建てられている。それはこの地に道庁を建てれば、以後三〇年間にわたって慶尚北道周辺から政権を握る政治家が誕生するという風水師の判断によるものである。建設後、朴正熙《パクチヨンヒ》（一九六三年就任）から盧泰愚《ノテウ》（一九九三年退任）まで、風水師の予言通り、見事に三〇年間、慶尚北道出身の政治家が大統領を務めた。それ以後は予言通り、他地域出身の政治家が大統領になった。

先に紹介した話は政治がらみのやや特殊な陽宅風水であるが、陰宅風水もまた韓国に住む人々にとって身近な存在で、家の盛衰についても次の話のように風水が登場してくる。

良い風水を盗む

Aというたいへん裕福な家があった。ところが、ある時から家族に病気が続いたり商売がうまくいかないなど、次第に家運が下がっていった。その一方で、これまで貧しかったB家はだんだんと豊かになっていった。A家ではなぜ自分の家ばかりが、度重なる不幸に襲われるのだろうと不思議に思い宗教者などに見てもらったが原因は解らなかった。最後に風水師に見てもらうことにした。風水師はA家の墓を見て、「あなたの墓はたいへん良い風水でした。だから、あなたの家は栄えていたのです。ところが、ここが壊されていてせっかくのいい気の流れがよその家に逃げています。もとの状態に直しなさい」と言われた。よく見るとたしかに墓の一部が壊されていて、気の流れが隣のB家の墓に流れるようになっていた。風水師の助言に従って墓を元の通りに直したところ、家運は元のように良くなった。その一方、B家は次第に没落していった。人々はB家がA家の風水を盗んだと噂した。

こうした良い風水を盗むという話は韓国ばかりでなく、中国、台湾、香港などでも語られているポピュラーな話である。陰宅風水がこの世に生きている人間の運命を決定することを象徴した話である。

他にも二〇〇五年三月二一日の『ｎｉｋｋｅｉ　ＢＰｎｅｔ』は、「中国ビジネス、香港からの視点第3回　一国二制度の幸運を得た『香港サイエンスパーク』」で、香港に新しく建設された香港サイエンスパークの風水が良いと言われていることを伝えている。

ごく最近では、二〇〇七年四月二一日の『朝日新聞』朝刊に、「政治混迷、風水で回復？　タイ、首相府を模様替え」という記事がある。治安の悪化と支持率の低迷に悩んでいたタイのスラユット政権が、事態の打開のために風水師の助言に従って、バンコクの首相府を模様替えしたというものである。

このように東アジアでは都市や建物といった陽宅風水と、墓地の陰宅風水が人々の生活文化の中に深く浸透している。

平安遷都一二〇〇年

日本にも平成六年（一九九四）頃に風水ブームの波が押し寄せた。おりしもこの年は延暦一三年（七九四）に平安京が造営されて、一二〇〇年を迎える記念すべき年であった。京都では平安遷都一二〇〇年を祝うさまざまなイベントが開催された。ＮＨＫでは「よみがえる平安京」という番組が製作された。作家の荒俣宏をナビゲーターに、平安京は風水によって建設された都市であることを証明していくという内容である。荒俣は香港から招いた風水師とともに京都の町を散策するが、この風水師は社名は伏せられていたが某銀行の風水コンサルタントと紹介されていた。彼らは羅盤《らばん》を使い、平安京が四神相応の地であり、風水によって建設された都市であることを突き止める。当時としては最新のコンピューターグラフィックスを駆使し、龍脈から流れ出す気の流れを美しく再現していた。学問的にはともかくとして当時話題になったことを覚えている。

荒俣宏といえば昭和六〇年（一九八五）に『帝都物語』（角川書店）を発表し、風水とはいったい何かを物語に織りこんで、いち早く私たちに風水を紹介した人物である。先の番組が放映された年には『風水先生』（集英社）を発表している。NHKにとっては、平安京が風水で建設された都市であることを明かしていく番組のナビゲーターとして、彼はうってつけの人物だったに相違ない。

陰陽道ブーム

その後も、風水を題材とした物語や漫画が数多く出版されている。また、風水ブームの中で陰陽道《おんみようどう》もまた注目されるようになった。昭和六三年（一九八八）から連載が開始された夢枕獏の『陰陽師』（文藝春秋）は爆発的な人気を博し、平成五年（一九九三）には岡野玲子により漫画化、平成一三年（二〇〇一）には狂言師野村萬斎を主役に映画化された。他にも陰陽道を扱った漫画としては、平成八年に連載が開始された岩崎陽子『王都妖奇譚』（秋田書店）などがある。

この頃から、さまざまな雑誌で風水の特集が組まれ、風水占いなど怪しげなブームは加速し、テレビではドクターコパなど自称風水師が人気を博するなど世間を賑わし、その内容はともかく風水というコトバは普及していった。風水・家相は近代以降、建築学からは常に迷信視され否定され続けてきた。しかし、平成一〇年（一九九八）には日本建築学会の機関誌『建築雑誌』で「アジアの風水・日本の家相」という特集号が組まれるなど、迷信視するだけでなく学問的に取り上げようとする方向も見られるようになった。

ドクターコパもそうであるが、風水ブーム以前は「家相家《かそうか》」あるいは「家相見《かそうみ》」と称し、自著も『〇〇の家相』と出版していたのが、風水ブーム以降、「風水師」と称し、『〇〇の風水』という著書を出版するようになった。おそらく風水が流行した背景にはエスニックブームがあったと思われる。また、風水の「風」そして「水」という言葉から連想される、エコロジーへの関心もまた、ブームを後押ししたと感じられる。

風水ブームにより、風水というコトバは一般化し、その内容はともかくとして、風水に関するさまざまな書籍が出版された。建築学者の村田あがによれば、①風水を題材とした読み物・小説、②風水（家相）に関する実用書、③学問的研究書の三種類の書籍が風水ブームに出版されたことを指摘している。先に紹介した風水を題材とした小説や漫画、実用書がもっとも多く出版されたのである。先に勤務先の学生が風水を「部屋のインテリアの配置で幸せになれる」「カーテンの色や家具やベッドの配置」「インテリアの色」と理解していることを紹介したが、村田は多くの風水関係書籍が出版されたものの、風水が正しく理解されていないこと、また学問的研究が進んでいないことを指摘している。

たしかに村田の指摘の通り、日本では沖縄研究の中で実証的な風水研究が進められてきたが、日本本土をフィールドとした実証的研究や、家相書、家相図などの史料に関する調査研究は非常に少ない。日本本土に風水という言葉が存在したのかどうかすら明らかにされていない。

風水は東アジア全体の墓と都市計画・住宅の造形に多大な影響を与えた思想である。本書では日本本土における風水受容の歴史、とくに家相という形で民間に流布していった近世の実態、そして現代における家相の民俗について明らかにしていきたい。

風水の受容

まず日本における風水受容の歴史について概観していきたい。日本における風水の受容がいつなのかについては不詳な点が多々ある。古墳《こふん》造営に風水術が用いられたという説もあるが、決定的な史料が存在するわけではない。では、史料的に確認できる最古の史料はというと、『日本書紀』推古《すいこ》天皇一〇年（六〇二）冬一〇月の条に、百済《くだら》の僧観勒《かんろく》が暦書《れきしょ》、天文《てんもん》地理《ちり》の書、遁甲方術《とんこうほうじゅ》の書を献上しに渡来したという記事がある。先に風水の別名に地理とも呼ばれることを紹介したが、「地理の書」というのが風水書のことであり、同記事が風水受容を伝える最古の史料である。

『聖徳太子伝暦』の風水

聖徳太子（五七四〜六二二）の伝記とされる『聖徳太子伝暦《でんりやく》』には、陽宅風水さらに陰宅風水に関する記事が散見される。ある時、太子は楓《かえで》野《の》の大堰というところに赴き、侍従に向かって次のように語る。

吾、此ノ地ヲ相《み》ルニ、国之秀タル也。南ハ開キ北ハ塞《ふさ》ガル。南に陽ニ北に陰シ。河、其ノ前ニ径《わた》リテ、東ニ流レテ順《じゅん》ヲ成ス。高岳之上ニ、龍、窟ヲ為シテ宅《お》リ、常ニ臨テ擁護ス。東ノカタニ厳神有ス。西ノカタニ猛霊ヲ仰グ。三百歳ノ後ニ、一ノ聖皇有テ、再ビ遷シテ都ヲ成シ、釈典《しやくてん》ヲ興隆セン。

太子は眼前の地の風水を相し、すばらしい土地であること、南が開き北が塞がり、南側に川が流れていること、西と東に神霊が存在すると判断し、三〇〇年後に遷都するだろうと予言しているのである。この地形は前述した理想的な風水の地形に似ている。太子は他にも近江《おうみ》に赴いた際にも遷都を予言している。

陰宅風水については次のような記事がある。

太子ハ駕《が》ニ命ジ、科長《しなが》ノ墓処ニテ墓ヲ造者ヲ覧ジ、直ニ墓内ニ入リ、四望ミ左右ニ謂曰ク、此処ヲ必ズ断テ、彼処ヲ必ズ切リテ、後ノ子孫ガ絶ツコトヲ欲ス。

太子は自身の墓所の気の流れの脈を絶つことにより、子孫を絶やしたいと墓を造る者たちに命じているのである。墓の気の流れを絶つ、すなわちこれは墓地風水である。

聖徳太子についてはその存在自体を疑問視する説もあり、また『聖徳太子伝暦』は延喜一七年（九一七）の成立で、太子の没後三〇〇年近く後の成立である。したがって史料的には難しい部分が多々ある。しかし、太子の存在はともかくとしても一〇世紀には風水が知られていたことだけは確認される。また、聖徳太子は同時に一〇人の人の話を聞いて理解したなどきわめて優秀な人物と伝えられているが、『聖徳太子伝暦』では風水術に長けた人物として描かれている点は注目される。

陰陽寮の設立

周知の通り八世紀には陰陽道は国家制度に組み込まれ、陰陽術に関する書籍、技能の管理と学習、陰陽師の育成、陰陽術の使用を目的とする陰《おん》陽寮《みょうりょう》が設立される。陰陽寮が所轄する事業は、①占筮相地《せんぜいそうち》、②陰陽思想の教習、③暦法の編纂と学習、④天文、天象の異変の観察、⑤漏刻台《ろうこくだい》の設置と時刻の報知の五つの分野である。風水に関わるのは、①の占筮相地である。占筮相地は、その名称の通り土地を占うことであり、「相地」という言葉が風水を意味することは先述したとおりである。都の遷都、宮殿や官衙《かんが》の建設の際に風水上ふさわしい土地かどうか調査し、都市計画を行うことは陰陽寮が担う事業の一つであり、遷都や宮殿、官衙の造営など都市計画における土地の吉凶判断は陰陽師の職務であった。

古代において、多くの都が造営されたが、史料的に陰陽師が都の土地の選定に関与したことが確実なのは長岡京《ながおかきょう》（七八四〜七九四）である。残念ながら平安京が風水で建設されたことは史料的には確認できない。

『続日本紀』延暦元年（七八二）八月己未条に、陰陽を解する者を大和《やまと》に派遣して、光《こう》仁《にん》天皇の山稜、すなわち陵墓《りょうぼ》の地を相したとある。これは墓地風水を判断したと考えられる。

鎌倉時代に入ると安倍《あべ》家は土御門《つちみかど》家に改名され、引き続き朝廷の厚い庇護を受け全国の陰陽師を統率した。陰陽道は貴族階層だけでなく、武士層にも流布していった。幕府が置かれた鎌倉であるが、河野眞智郎は鎌倉という都市建設において、風水は無関係であることを明らかにした。

中世の風水

渡邊欣雄によれば室町時代、文和三年（一三五四）の円覚寺《えんがくじ》文書の中に次のような記事がある。

塔頭《たっちゅう》事　所レ望レ人雖帯二御教書《みぎょうしょ》一、於二敷地一者、寺家評定衆並官家奉行人相共見知二其地形一、為二山門風水一無二相違一者、就二寺家注進一、可レ有二沙汰《さた》一矣

すなわち、山門を立てる際に風水を勘考したというものである。この円覚寺文書が日本本土における風水という言葉の初出である。鎌倉時代・室町時代の風水については不詳な点

が多く、今後の史料の発掘が待たれる。

室町期以降、宮廷陰陽師は没落し陰陽道は庶民層にも流布していく。また陰陽道は、神道、密教、仏教などと混淆し融合するなど大きな影響を与えた。この頃に成立したのが安《あ》倍晴明《べのせいめい》に仮託して作成された『三国相伝陰陽管轄簠簋内伝金烏玉兎集《さんごくそうでんいんようかんかつほきないでんきんうぎょくとしゅう》』、通称『簠簋』である。同書は陰陽道の基本的な書籍として広く流布していったとされる。しかし、近年、鈴木一馨により、果たして陰陽道書と言えるかどうか疑問視されている。戦国期には、朝廷の厚い庇護を受け全国の陰陽師を統率していた宮廷陰陽道は崩壊し、多くの陰陽道書は散逸した。豊臣秀吉《とよとみひでよし》は陰陽師に荒地の開墾や新邸造営の地鎮祭《じちんさい》を挙行させ、暦《こよみ》を進呈させるが、後には多くの陰陽師が追放される。

近世の陰陽道

近世に入ると、土御門家は幕府から陰陽道宗家《そうけ》として認められ、戦国期に崩壊した陰陽道は再編されていく。玉置豊次郎は、近世においても宇都宮、越後高田などの都市の建設に八卦《はっけ》が考慮されたことを明らかにした。林淳によれば、陰陽師に専門的に認められていた土地占いなどの「占考《せんこう》」を、次第に修験《しゅげん》をはじめとする宗教者らも行うようになり訴訟が頻発することから、陰陽師に実際には以前のような力がなく、陰陽道的知識が多くの宗教に融合していった。梅田千尋は近世の陰陽師を平安期以来の宮廷陰陽師との連続のみでは考えず、占い・祈禱という共通性を持って中世以来分化した者を土御門家が再編成したと位置づけている。このため木場明志により陰陽師系宗教者という定義も出されている。こうした陰陽道の庶民への流布という流れの中から、易者《えきしゃ》や人相《にんそう》見《み》などの占い師が出現していき、一八世紀末頃から家相見も登場してくる。家相書は一八世紀末頃から大坂や江戸を中心として数多く出版されるようになり流布していく。家相書の研究を行った横山敬によれば、同時期から家相という言葉が使用され、初めは地相を意味していたのが、次第に家屋そのものの吉凶を指すようになったとされる。本書ではこの地相から家相への変化を詳細に検討していきたい。

風水から家相へ

以上のように、古代においては墓地の建設・都市建設など、陰宅風水と陽宅風水が見られたのに対して、一八世紀末頃から家相という言葉が誕生し、その意味するところは「屋敷地の形状やそこに植えられる樹木、あるいは住宅・付属建物・屋内施設・屋外施設について、地形や方位、時間の運行などから、そこに居住する人々の幸福を招き同時に災厄を未然に防ぐことを目的とする考え方」になったのである。

先に東アジア各地における風水は、陽宅風水と陰宅風水の両者を重視することを指摘した。陰宅風水は祖先祭祀との関連から重視される場合が多く、先に紹介した話のように陰宅風水は家の吉凶禍福を決定すると信じられ重視されている。しかし、日本においても三

～五世紀の古墳造営あるいは鎌倉期に陰宅風水がみられ、近世には国学者の小山田与清《おやまだともきよ》が『墓相小言《ぼそうこごと》』という墓相書を出版するなど、今日においても墓相という形で存在するものの、家相ほど流布しておらず、石材店や一部の宗教者などが主張する程度である。日本本土の風水は、東アジアの風水の中では極めて特殊なのである。なぜ日本本土で、陰宅風水が発達していかなかったかという点については、今後の課題としたい。

家相判断の普及とその実態

家相書判断はいつ頃から行われたのか？

今日でも書店に行くと占い本のコーナーに、血液型判断や姓名判断、相性占い本などとともに家相や風水に関する本がある。たとえば、タイトルを挙げるだけでも、『家相がよくなる！「間取り&家のつくり」実例プラン一三〇』『間取り&家のつくり　ココを間違えるな！　現代版家相の本』『Dr．コパのはじめての開運風水　風水の基本からインテリア、家相まで』などなど多数ある。とくに平成七年（一九九五）頃からの風水ブームにより、実に多くの風水・家相を冠した書籍が出版されている。インターネットでもオンライン図書購入の大手Ａｍａｚｏｎには、「家相に関する書籍の売れ筋ランキング」というページまで設けられている。

このように現代でも多数の家相書と風水書が出版されているが、はたしていつ頃からこ

表1　家相書一覧

出版年	題名	著者
一七六九年（明和六）	風水問答　地理正言	胡文煥（明）
一七八二年（天明二）	家相口訣	古易堂大江桐陽
一七八三年（天明三）	家相秘録	疋田慶明
一七八五年（天明五）	家相要書	松浦鶴雄
	家相観地録	神谷古暦
一七九二年（寛政四）	家相秘書	山田某
一七九八年（寛政一〇）	家相早合点	橘子
	家相解図	松浦東鶏
一七九九年（寛政一一）	家相玄機略	矢内貞訓写本
	相地相宅方位付屋奥義	矢内貞訓写本
	家相伝口伝最初	矢内貞訓写本
一八〇一年（享和元）	家相図説大全	松浦東鶏
一八〇二年（享和二）	相宅小鑑	苗村三敲（奥田庸徳）
一八〇三年（享和三）	家相大全	長田藁雀
一八〇四年（享和四）	家相必要方鑑精義大成	松浦東鶏
一八〇四年（文化元）	家相図解全書	長田藁雀（長行）
一八〇七年（文化四）	方角即考	松浦国祐
	地理家相秘窮内外伝	落合益・安藤秀林
一八〇八年（文化五）	三才発秘抄要	苗村三敲（元長）
	匠家故実録	松浦東鶏
一八一〇年（文化七）	風水玄機録	松浦東鶏
	家相秘伝四神書	松浦東鶏

一八一一年（文化八）	家相本義	佐藤蔵人
一八一二年（文化九）	家相免許	不詳
一八一三年（文化一〇）	家相故歴伝	松浦東鶏
一八一五年（文化一二）	方位宅相　三才精義	西岡玉全
一八一六年（文化一三）	地理山水　風水秘録	西岡玉全
	家相秘書	秋野法師門人山田某
一八一七年（文化一四）	方鑑秘訣集成	吉田元祐
一八一八年（文政元）	方鑑班鳩夜話問答集	松浦東鶏
	方家図説（家相方位図説）	賀茂保久
一八二〇年（文政三）	八宅明鏡即指	吉田徳謙
一八二二年（文政五）	八宅明鏡便覧	吉田徳謙
一八二四年（文政七）	八宅明鏡大全	吉田徳謙
	家相速伝	福島正富
一八二五年（文政八）	家相秘録　坤	不詳
一八二六年（文政九）	龍背発秘	荒井尭民
一八二七年（文政一〇）	方鑑精義大成　坤	不詳
一八二八年（文政一一）	宅相方鑑　風水園筆草	松浦国祐
一八二九年（文政一二）	方位吉凶　家相秘伝録（一貫流秘伝家相福臻録）	朝見五通　一貫堂
	家相精要　下	不詳
一八三〇年（文政一三）	相宅心書	浅井米山（金蘭）
一八三一年（天保二）	方鑑図解	松浦琴鶴
	風水園筆草	松浦星洲
一八三二年（天保三）	方鑑口訣書	松浦琴鶴
	家相方位日選秘伝	高岡晴雲堂
一八三三年（天保四）	地家方位或問	賀茂保久

	地理風水家相一覧	松浦琴鶴
一八三四年(天保五)	日要精義大成	松浦琴鶴
	方鑑弁説	松浦琴鶴
一八三五年(天保六)	龍背師伝図説	荒井尭民
一八三六年(天保七)	地宅便鑑	吉村梅洲
一八三七年(天保八)	方鑑類要	松浦琴鶴
一八三九年(天保一〇)	宅方明鑑	平沢白翁
	方鑑図解　五	不詳
一八四〇年(天保一一)	方鑑秘伝集	松浦琴鶴
	家相秘伝集	松浦琴鶴
	方鑑図解　一	不詳
一八四一年(天保一二)	方鑑家相方鑑秘伝集	松浦琴鶴
一八四二年(天保一三)	経験精義	松浦琴鶴
一八四四年(弘化元)	春雪解話	荒井尭民
一八四五年(弘化二)	家相千百年眼	平沢白翁
	家相弁義	松浦琴鶴
一八四六年(弘化三)	相宅知天鏡	宍戸富隣
	人相家相独談義	雲城古老
一八四七年(弘化四)	地理風水　家相深秘	松浦幸最
一八五二年(嘉永五)	家相秘伝書	松浦琴鶴
一八五九年(安政六)	洛地準則	多田鳴鳳
一八六一年(文久元)	方鑑懐宝便覧	市川琴斎
	家相方位徴古説	溝口省翁
一八六五年(慶応元)	家相改正口義伝	藤田寛斎
一八六七年(慶応三)	方位家相判断	松浦筑後

うした家相書が著されたり、家相判断が行われるようになったのであろうか。

このことを知るため、①家相に関する書籍がいつ頃から出版されたのか、②家相判断が行われる際に作成された家相図はいつ頃から作成されるようになったのか、考察していきたい。

家相書の出版

まず家相書の出版についてみていこう。家相に関する書籍はいつ頃から出版されるようになったのだろうか。

建築史学では大工技術書のことを木割書《きわりしょ》というが、木割書を体系的に研究した内藤昌によれば、家相関係の書籍は刊行年次が明らかなものが約一〇〇冊、刊行年次の不明なものも同じく約一〇〇冊あるという。また、江戸時代に出版された家相書を総合的に論じた村田あがによると、家相書と推定されるものが一七六点存在し、とくに文化文政期に数多く出版されたことを明らかにしている。

表1は論者が、『国書総目録』などの目録で出版年が明らかな家相書と推定される書籍の出版年代をまとめたもの、図3はそれをグラフ化したものである。天明二年（一七八二）に出版された『家相口訣《かそうくけつ》』を嚆矢に、天明～寛政年間に急増し、享和～化政期に最盛期を迎えている。つまり、従来の研究と一致する結果が得られた。

このことから、日本本土で庶民の間に家相判断が普及したのは一八世紀末からといえよ

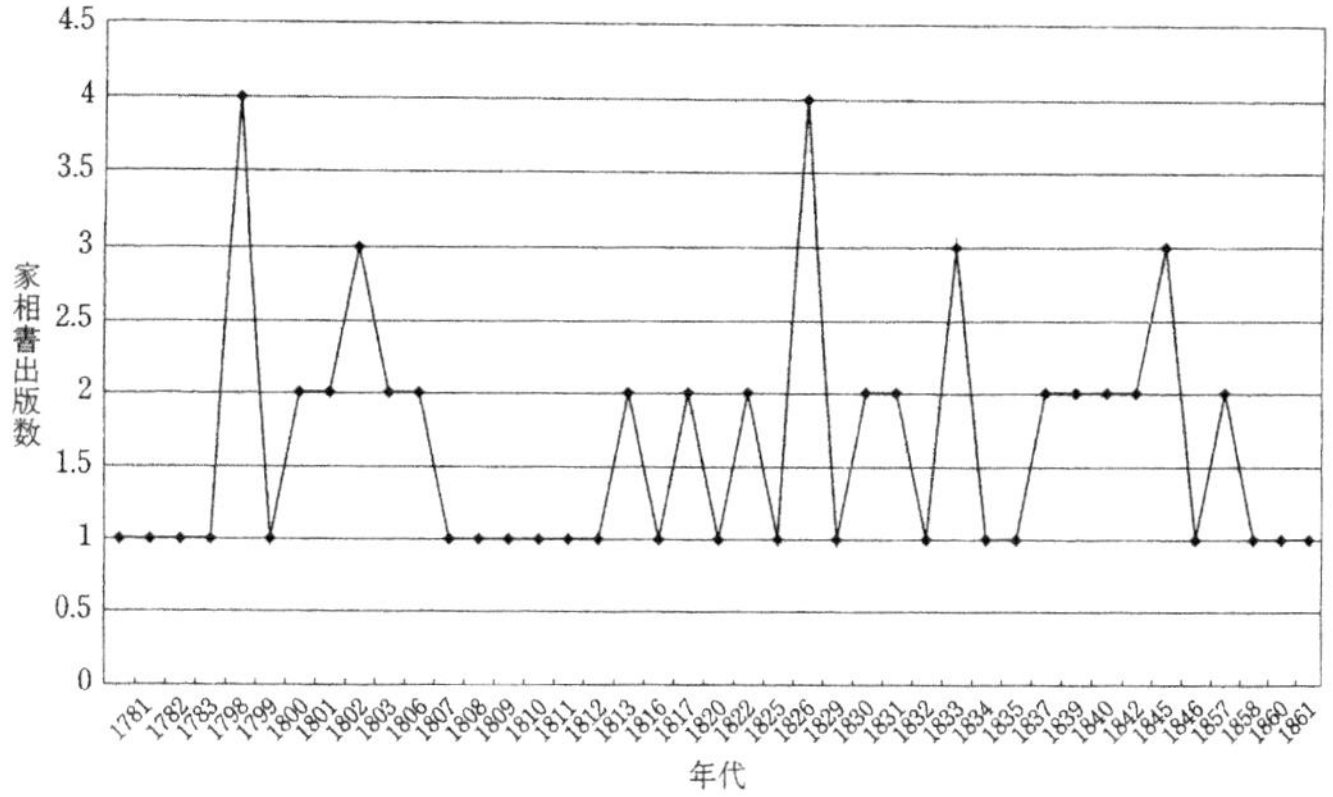

図3　家相書出版年代グラフ

う。家相書は一八世紀末から盛んに出版され、亨和～文化・文政期に最盛期を迎えるのである。また、家相書の出版が急増するのは、全国的な出版文化の勃興とも連動した事象である。

家相図の作成

家相書が一八世紀末から出版されるようになったことを確認したが、実際に家相判断はいつ頃から行われるようになったのだろうか。家相図とは、図4のように家相判断をした際に、屋敷地・家屋・付属建物などを描いた平面図に、方位とその吉凶などを書き入れた絵図面である。

家相図という史料の扱いは私文書であり、また占いの史料であるため、歴史学ではあまりまともな史料として扱われてこなかった。建築学でも、間取りの変遷を知るための史料として扱われるが、間取り部分だけに注目し、作成年

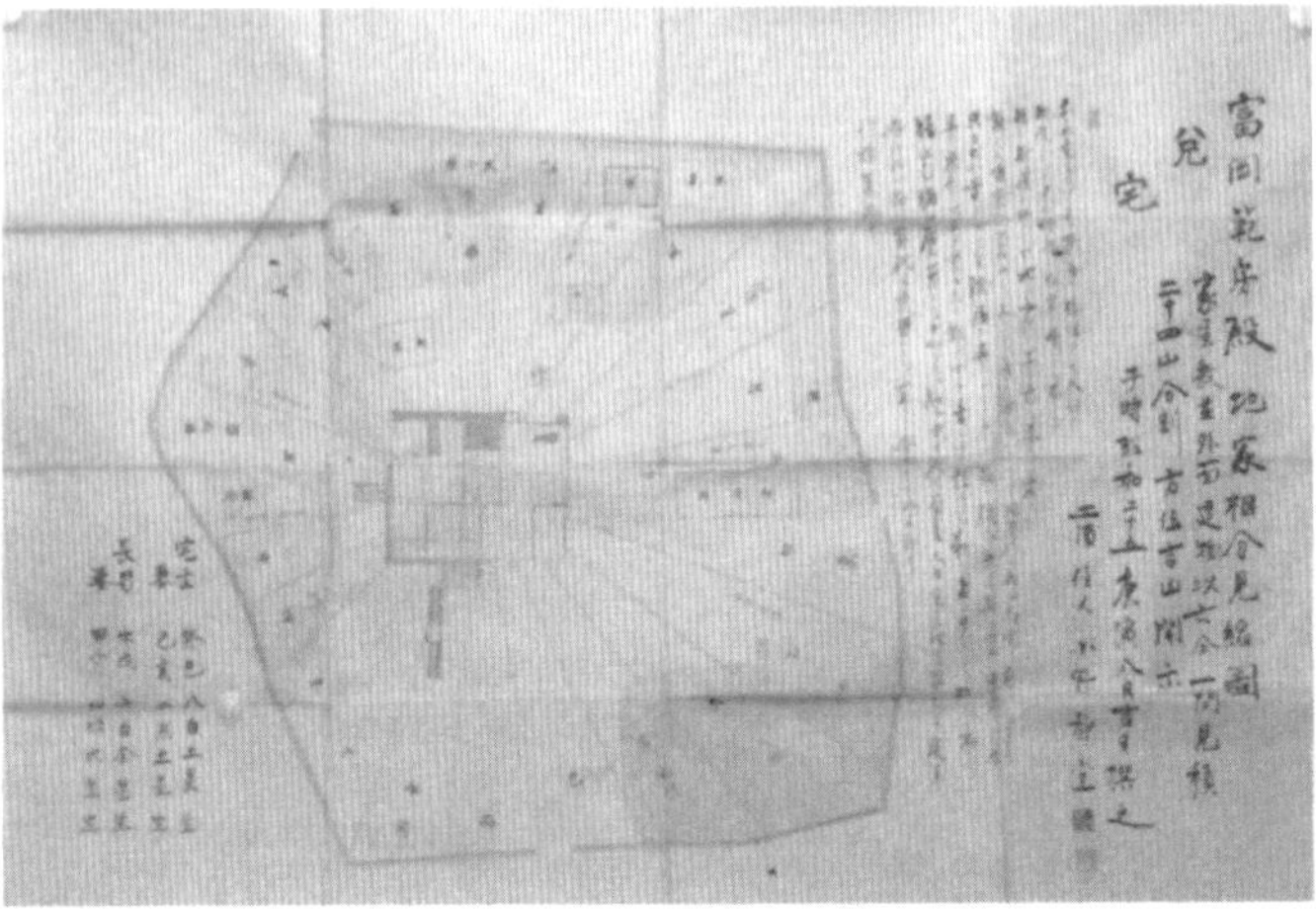

図4　家相図（茨城県土浦市）

代・作成者などが報告書からもれることも多い。家相図の作成年代について建築史学の大河直躬は、家相図の出現時期をおおむね一九世紀初期と考え、幕末頃の家相図が多いという見解を示している。しかし、家相図の出現年代、記載された内容など史料的特徴、すなわち史料論はほとんどなく、実証的にその作成年代を検証した論考は管見ではほとんどない。そこで、私はフィールドワークで家相図を収集したり、各地の文書館などで調査したり、あるいは全国の市町村史や民家調査報告書に掲載されている家相図を整理するなどして、二七四点収集整理した。

　二七四点のうち、紀年銘が記されていて作成年代が明らかなものが二一五点あった。

建築学では、家相図を間取りの変遷を知るための史料として扱うことが多く、間取り部分だけに注目し、紀年銘などが報告書に記載されない場合も多い。二七四点中、作成年代が明らかなものが二一五点しかないのは、前述したように、紀年銘などが報告書に記載されないからである。

図5は五年ごとに集計したものである。家相図の作成数は一八三〇年代から増加し、一八四五年代と一八六五年代に二つのピークがある。幕末頃の家相図が多いという大河直躬の見解とほぼ一致する結果となった。

家相図は近代になっても作成され、明治二〇年代~明治末(一八八七~一九一二)に二つ目のピークを迎えており、一九〇〇年代に作成された家相図は一七点を数える。

明治以後は次第に減少していき、一九二五年代以降、すなわち昭和になってからは、激減する。以上の結果から、家相図の作成は、一九世紀初期から始まり、幕末そして明治二〇年代から明治末に盛んに作成され、昭和になると廃れていったのである。図6は近世を通じて出版された家相書の出版数と、同時期に作成された家相図の数をまとめたものである。図6から明らかなように、家相書の出版数が急増する一八〇〇年以降、家相図が作成され始める。すなわち、家相書が出版され流布していった結果、家相図が作成されるようになるのである。約一〇年という時間差は、家相書が出版され全国各地に流通するのに要

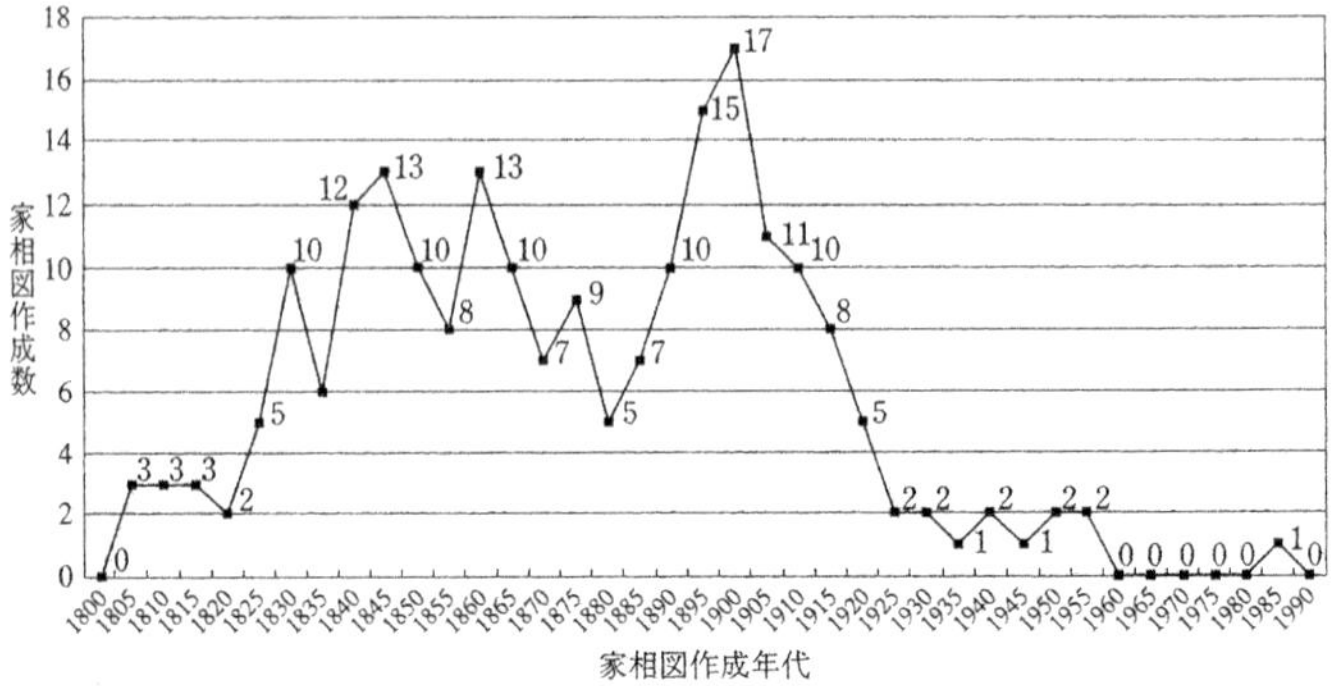

図５　家相図作成年代グラフ

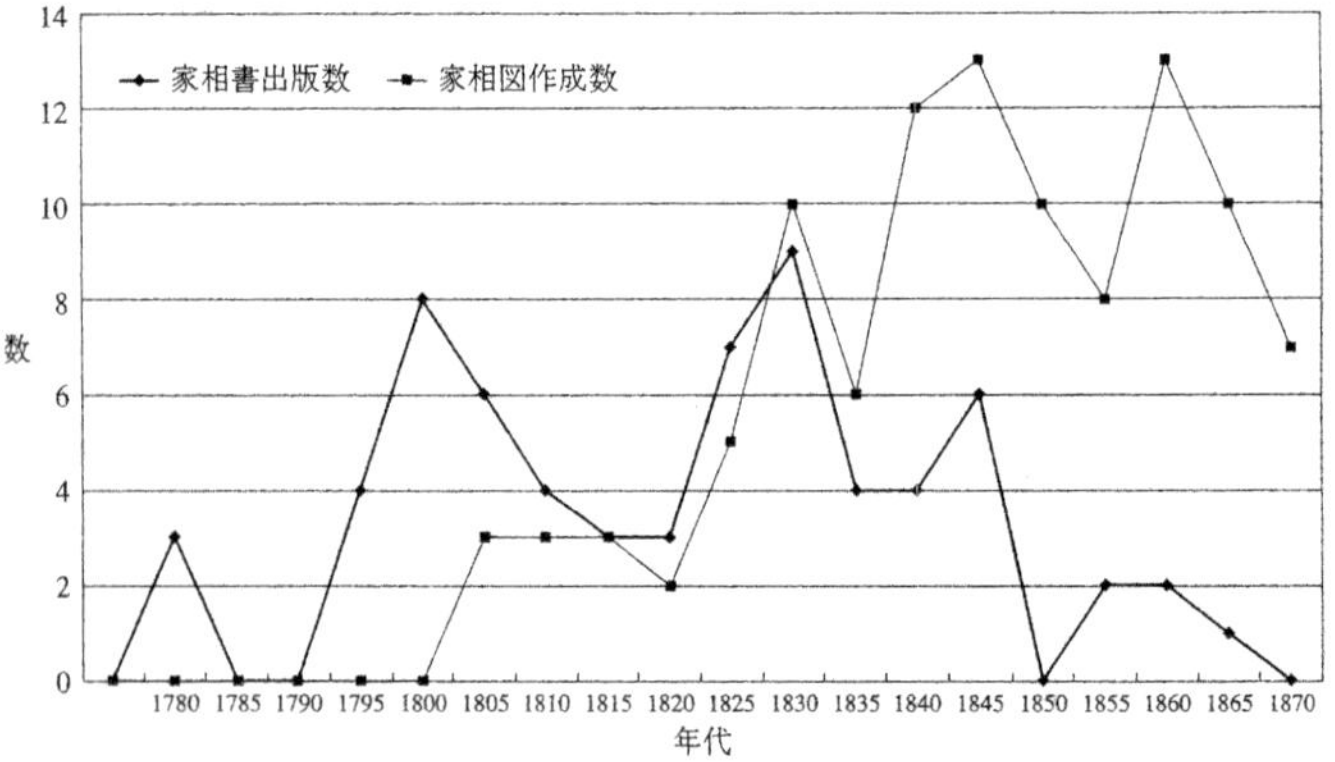

図６　家相書の出版数と家相図作成数

する時間、さらに家相書を入手した読者が学習し家相図を作成する技術を身につけるのに要する時間と推定される。

さて、どのような人物が家相書を出版したり、家相判断を行っていたのだろうか。まず、家相書の著者像を検討していこう。

家相書の著者像

家相という言葉が冠せられた書籍で、もっとも古いのは天明二年（一七八二）に出版された『家相口訣』である。同書の著者は奈良に住んでいた大江桐陽《とうよう》（古易堂《こえきどう》）である。内容は陰陽道書の『簠簋内伝《ほきないでん》』「造屋之篇」を元にしたもので、畳を敷く数の吉凶についても論じている。

その翌年、天明三年（一七八九）には、疋田慶明《ひきたけいめい》が『家相秘録《かそうひろく》』を出版した。同書は中国の『黄帝宅経《こうていたくきょう》』『三才発秘《さんさいはっぴ》』を翻刻したものである。疋田もまた奈良の住人であった。天明五年（一七八五）に、松浦鶴雄《かくゆう》が『家相要書《かそうようしょ》』を出版した。鶴雄は土地の形状、とくに土地の一部分が欠けていたり、あるいは出っ張りなどの凹凸を重視し、その吉凶を論じた。また、大江と同じように畳を敷く数の吉凶について重視した。鶴雄は大坂に住んでいた。

神谷古暦派

正確な出版年は不詳であるが、天明期（一七八一～八八年）に、神谷古暦《かみやこれき》が『家相観地録《かそうかんちろく》』を出版した。彼は明和～安永（一七六四～八〇年）頃の生まれで、大河直躬によれば、神谷古暦は摂州高槻《たかつき》藩（現在の大阪府高槻市）の藩士で名を正晴といった。易学を学び、鶴雄と同様に、土地の形状の吉凶と畳を敷く数の吉凶について重視し、さらに九星《きゅうせい》により易断的に家相を判断した。

神谷古暦は門人が多く、次のような弟子たちがいた。

神谷古暦―平岡米山―浅井金蘭―太田錦城―浅井米山―荒井尭民
　　　　　　　　　　　　　　　　　　　　　　　　└海保漁村

弟子たちも家相書を出版しており、荒井尭民《ぎょうみん》には『龍背発秘《りょうはいはっぴ》』（一八二七年）『龍背師伝図説』（一八三五年）『春雪解話《しゅんせつかいわ》』（一八四五年）、浅井米山《べいざん》には『相宅心書《そうたくしんしょ》』（一八三〇年）などの著書がある。

古暦の門人の大きな特徴は、高名な学者が名を連ねている点である。太田錦城《おおたきんじょう》は漢学者で、荒井尭民、海保漁村《かいほぎょそん》とも彼の学問上の弟子である。後述するが、古暦は関西の出身であるが、その門人は江戸で活動しており、滝沢馬琴《たきざわばきん》とも交友があった。

松浦派の登場

家相書の出版が盛んになってくる寛政期には、その後の家相界の両雄、松浦東鶏《とうけい》と松浦琴鶴《きんかく》が大坂に登場してくる。

松浦東鶏は寛政一〇年（一七九八）に『家相図解』を出版する。

東鶏は大坂高津《たかつ》に住んでいた。彼の父親は某藩の藩士だった。子供は長男和助と次男好之助の二人がいた。長男の和助は家を継ぎ商売を生業とした。次男の好之助は家業を手伝い、兄の没後は、家業を整理し独立した。商売の傍ら、陰陽道を学び、東鶏松浦久信《ひさのぶ》と称した。先に検討したように多数の家相書を出版している。東鶏は定理的家相法と干支《かんし》方鑑《ほうかん》を併用することによって家相判断を行っていた。さらに文化五年（一八〇八）には『匠《しょう》家《か》故実録《こじつろく》』（全三巻）という建築儀礼書も出版している。同書は今日でも全国各地の大工の家に残されており、儀礼書として広く読まれたようである。

東鶏には弟子が多く、以下のような人が家相判断を行った。なかでも国祐《くにすけ》は星洲《せいしゅう》と号し京都で風水園《ふうすいえん》塾《じゅく》という名の塾を開き家相判断を行い、さらに天保二年（一八三一）に『風水園筆草』という本も出版している。

松浦東鶏─┬─国祐（京都に出る）──高美（商業）
　　　　　└─明喬（二代目）──東渠（三代目）──帖斎（四代目　商業）

もう一方の雄、松浦琴鶴は、安永三年（一七七四）生まれで幼名を岩松といった。琴鶴の父は東鶏の兄、すなわち和助である。つまり、東鶏と琴鶴は実の叔父甥の関係なのである。家相界の両雄は叔父甥という血のつながった関係なのである。

祖父（某藩藩士・大坂高津住）─┬─和助（商業）──岩松（松浦琴鶴）
　　　　　　　　　　　　　　　└─好之助（松浦東鶏）

琴鶴の父和助は商売を営んでいたが、琴鶴が幼い頃に亡くなったため、母の実家がある有馬《ありま》に母とともに移り住んだという。幼少時の琴鶴の様子を伝える史料は残念ながらないが、成人すると大坂に戻り、叔父の東鶏のもとで家相を学んだという。

琴鶴も東鶏の家相学を学び定理的家相法を究めていった。しかし、次第に叔父の説に疑問を持つようになった。東鶏は干支方鑑を使うことを主張したが、琴鶴は九星方鑑を重視するようになった。方位を割り出す方鑑が異なるわけだから、いくら血のつながった叔父甥の関係とはいえ、相容れないのは当然のことである。琴鶴は東鶏の元を去り、独立して一派を形成した。

天保二年（一八三一）に『方鑑図解』を出版して以来、琴鶴は数多くの家相書を出版し弟子を育てた。亡くなったのは嘉永三年（一八五〇）とされるが、没年には異論もあり、菱田隆昭によれば、琴鶴は安政二年（一八五五）に亡くなったという。

琴鶴には三人の息子がいたが、長男は父のような家相見になる道を選ばず商売人となった。次三男はまだ幼く家を継ぐ年齢に達していないため、門人の鶴州を養子に迎えて家を継がせた。鶴州は改名し幸最《こうさい》と名乗るようになった。その後、次男の逸成が成人し家を継げる年齢になったので、琴鶴は次男に家を継がせ二代目を襲名させた。逸成が家を継いだため、養子の幸最は大坂を離れ、京都に居を構え家相見として活動するようになった。幸最は門人の筑後《ちくご》に二代目を継がせ、幸最の末子である最陽茂が成長すると、三代目を継がせた。

琴鶴の直系の子孫と門人関係は、以下のようになる。

松浦琴鶴（一七七四年生）――逸成（一八五六年没）――長逸（一八四四年生）
　　　　　　　　　　　└幸最（京都）――筑後――最陽茂

これ以外にも琴鶴には数多くの門人がいた。琴鶴の門人の中には琴鶴にあやかって、「琴」の字を名乗る者もいる。その一人が松浦琴生《きんせい》という家相見である。彼は文政の終わり頃の生まれで、長野県下伊那《しもいな》郡喬木《たかぎ》村を活動の拠点にしていた。明治二二年（一八八九）に木版本の『地理風水　万病根切窮理《まんびょうこんせつきゅうり》』を信陽生々館から出版した。同書には、「元治元年予松浦筑前氏の門に入り」と記されており、松浦派の家相を学んだという。明治二八年（一八九五）には松本市内田の馬場家の家相図を作成している。『地理風水　万病根切窮理』は好評を博したのだろう。明治四二年（一九〇九）に『万病根切窮理　続編

（貧福竈向）』が松浦琴雄との共著で生々館から活版で出版された。同書には「天保年間松浦琴鶴家相秘伝集に（略）明治改暦以来松浦琴生受継」とあり、琴鶴を継承していると記されている。

琴鶴の弟子に、明治期に活躍した尾島碩聞《せきぶん》（一八七六～一九四八）がいる。彼は東京小《こ》石川《いしかわ》の常覚寺《じょうかくじ》の住職で、伝通院《でんつういん》の近くに礫川堂《こいしかわどう》文庫という古今東西の風水書、家相書、暦を蔵していた。多数の蔵書が戦災で失われたが、焼失を免れた貴重書が国会図書館に尾島碩宥旧蔵古暦として所蔵されている。尾島はその著書『家相新編』（一九〇一年）の中で、自分は琴鶴の家相学を継承していること、関東に家相を広めたと主張している。

先に概観したように一九世紀以降、さまざまな人々が家相書を出版し、それぞれ独自の家相を主張するようになり、まさに百家争鳴のような状況となった。多くの家相書の著者は江戸ではなく大坂を拠点としていた。小泉松卓《しょうたく》、苗村元長《もとなが》、吉田徳謙《のりあき》、多田鳴鳳《めいほう》、平沢白翁《はくおう》など複数の著作を著した者もいる。しかしながら、両松浦派の勢力は絶大だった。前掲の表1に示した七二点の家相書のうち、東鶏派の家相書は一〇点（一四％）、琴鶴派は一五点（二一％）を数え、松浦両派による家相書の出版点数は二五点（三五％）に及ぶ。神谷古暦派が五点（七％）に過ぎないことからも明らかなように、両松浦派が家相界において絶大な勢力をもっていたことが窺える。

家相は関西が本場

先に家相書の著者像を概観した。疋田慶明は奈良の人。神谷古暦は摂州高槻藩（現在の大阪府高槻市）の藩士。松浦東鶏は大坂高津の商人の子で、弟子の国祐は京都を拠点として活動していた。東鶏の甥である松浦琴鶴もやはり大坂で活動し、弟子の幸最は京都で家相見として活動していた。つまり、家相の三大流派の開祖は関西出身で大坂を拠点に活動していたのである。このことから家相は関西が本場であったと考えられていた。

家相書の版元

建築史学でも同様の見解が示されている。玉置豊次郎は「儒学の勃興は江戸が中心であったが、家相の専門的研究は関西が独壇場であった。清から新たに伝来した家相書欽定協紀弁方書等の研究は関西に於て始められ続いて拡められた」と家相の中心は関西であったと論じている。家相図について論じた永井則男は、実際に見た家相図では兵庫県宝塚市の中川家所有の家相図（元文年間）が最も古く、さらに丹後地方では天保以前の家相図を実見したことがないことから、同地方で家相図が作成されるのは畿内よりも数十年は遅れ、一八三〇年頃からであると論じている。これは文化周圏論的な発想で、池に石を投げると同心円状に波が広がっていくように、大坂を中心として文化が波状的に拡大していくという発想である。つまり、大坂から遠い地域ほど文化の伝達が遅いという考えである。

つまり従来の建築史学の見解は、①関西が家相学の中心地だった、②関西でも大坂を中心とする畿内では古くから家相判断が行われていたが、周辺部の丹後地方では一八三〇年頃から家相判断が行われるようになった、③関西の方が関東よりも古くから家相判断が行われていた、というものである。

はたして、従来の見解は正しいのだろうか。

確かに家相書の著者は関西で活動していたが、その著書はどこで出版されていたのであろうか。

次の表2は版元と出版年が明らかな家相書をまとめたものである。表2によれば、寛政一〇年（一七九八）から弘化二年（一八四五）までに出版された家相書の版元は五四軒を数える。そのうち、大坂の版元は二七軒で全体の半数を占めており、関西が家相学の中心地であったという説は正しいようである。

もう少し細かくみていきたい。享和年間以前、すなわち家相書の出版が頂点を迎える以前の状況はどうだっただろうか。享和年間以前の版元をみると、版元は二一軒を数える。その内訳は、大坂一四軒、京都四軒、江戸三軒と大坂が七割近くを占め、京都も含めれば上方《かみがた》の版元が約九割となり、関西が家相書の出版の一大拠点であった。

ところが、家相書の出版が頂点を迎えた文化年間以降は様相が変化する。文化年間以降の版元は三三軒あるが、その内訳は江戸一五軒、大坂一三軒、京都四軒、名古屋一軒と江戸が大坂を凌駕するようになる。『龍背発秘』のように版元は江戸だけというものも出現し、さらに『家相千百年眼《かそうせんひやくねんがん》』は三都に加えて名古屋の版元も出版するようになった。

関西が家相書の出版の一大拠点だったのが、文化年間以降は江戸が台頭していく。それはどうしてであろうか。

今田洋三の出版史研究によれば、近世初期まで京都・大坂が出版の一大拠点であったが、一八世紀中期頃から、関西に加えて、江戸の版元も勢いを増していった。とくに須原屋茂兵衛は急に頭角を現した版元である。そして、出版量が急激に増加していき、都市における書籍の需要が急速に進展する。さらに最盛期を迎える化政期は、竹内誠によれば文化の大衆化が進んだ時代である。家相書の出版は、こうした出版文化の大衆化という流れの中

1831年	風水園筆	松浦星洲	江戸　須原屋茂兵衛 大阪　柳原喜兵衛 　　　松村九兵衛 　　　泉本八兵衛 　　　浅野弥兵衛 　　　北尾善七 　　　橋本得兵衛
1832年	方鑑口訣	松浦琴鶴	浪華　松浦観濤閣蔵板
1840年	家相秘伝集	松浦東鶏	京都寺町通仏光寺　河内屋藤四郎 江戸日本橋通壱丁目　須原屋茂兵衛 　同　　弐丁目　山城屋左兵衛
			同　　弐丁目　須原屋新兵衛 同本石町十軒店　英大助 同浅草茅町弐丁目　須原屋伊八 同芝神明前　岡田屋喜七 同神田旅籠町壱丁目　紙屋徳八 大坂心斎橋通博労町角　河内屋茂兵衛 同心斎橋通本町角　河内屋藤兵衛
1845年	家相千百年眼	平沢白翁	京都三条通御幸町　吉野屋仁兵衛 江戸日本橋通南二丁目　山城屋左兵衛 尾州名古屋本町通七丁目　永楽屋東四郎 伏見大阪町　亀本屋半兵衛 大坂心斎橋通北久太良町　河内屋喜兵衛

表2　家相書の版元

出版年	書　籍	著　者	版　元
1798年	家相図解	松浦東鶏	東都　西村宗七 平安　斎藤庄七衛
			浪華　高麗橋壱丁目浅野弥兵衛 心斎橋北詰　上田卯兵衛 同博労町　藤澤重兵衛
1801年	家相図説大全	松浦東鶏	江戸東比叡山池之橋池澤伊八 京都寺町三条下る町能勢儀兵衛 大坂心斎橋北詰上田卯兵衛 大坂高麗橋壱丁目北尾善七 大坂同町　浅野弥兵衛
1801年	相宅小鑑	苗村三敲	江戸日本橋一丁目須原屋茂兵衛 大坂高麗橋壱丁目藤屋弥兵衛 同　心斎橋北詰和泉屋卯兵衛 京都三条通室町西江入文壱屋太兵衛 同富小路二条下る町日野屋六兵衛
1802年	方鑑精義大成	松浦東鶏	大坂書房　星文堂 春星堂　合梓 含章堂
1803年	家相図解全書	長田藁雀	大坂書□　星文堂 春星堂　合梓 含章堂
1816年	風水秘録	西岡玉全	京都書林　蓍屋宗八 東武書林　須原屋茂兵衛 敦賀屋九兵衛 河内屋八兵衛 浪速書林　藤屋弥兵衛 同　善七 同　徳兵衛
1826年	龍背発秘	荒井堯民	東都書林　横山町三丁目 和泉屋金右衛門 含章堂

に位置づけることが出来るだろう。

化政期以降は三都だけでなく、地方でも本が出版されるようになる。家相書も例外ではない。小口千明によれば松浦琴鶴が著した『方鑑類要《ほうかんるいよう》』（一八三七年）の版元は三都だけではなく、岡山と倉敷の版元からも出版されている。

また、松樹庵という人物が著した『金神方位重宝記《こんじんほういちょうほうき》』という書がある。同書は純然たる家相書ではないが、「松浦東鶏先生述　本命的殺」という章があり、東鶏の影響を受けた重宝記である。同書は文政七年（一八二四）に出版されたのであるが、版元は仙台の伊勢屋半右衛門のみである。このように、家相書の版元は関西から江戸へ、そして地方へと拡大していったのである。地方都市における出版文化の興隆とともに、家相書が地方への文化の伝播に多大な貢献を果たしていたことは想像に難くない。

最古の家相図

先に家相図の作成年代について検討したが、もうすこし詳しく地域的な特徴など検討したい。というのも、永井則男が丹後地方では畿内よりも家相図の作成は数十年は遅れると論じている点を再考したいからである。永井の見解は大坂が家相の本場であるから、大坂よりも遠方の方が作成年代は遅くなるという考え方である。

はたして、そうであろうか。私が収集した家相図で、最古の家相図は、文化二年（一八

○五）一一月の紀年銘がある、群馬県渋川市子持《こもち》村の小野七郎家の家相図である。同家相図は阿弥《あみ》神社正神主龍震斎《りゅうしんさい》橘英郷《たちばなひでさと》が作成したものである。意外なことに関西ではなく関東なのである。私が調べたかぎりでは、最古の家相図は関西ではなく関東の家相図であった。無論、関西地方の市町村史や民家調査報告書のほぼすべてを渉猟した結果である。

　さらに古い家相図を検討してみよう。次の表3は文化文政期に作成された家相図をまとめたものである。文化文政期に作成された家相図は一七点あり、その内訳は群馬県が一〇点、島根県・山梨県が二点、長野県・神奈川県・東京都が各一点など、東日本のものが一五点を数える。すなわち、関西の方が関東よりも早くから家相判断が行われていたとは言い難いのである。

表3　文化・文政年間の紀年銘のある家相図

作成年代	住　所	所蔵者
1805年(文化2)	群馬県渋川市子持村	小野七郎
1809年(文化6)	群馬県勢多郡富士見村	船津亀次
〃	群馬県渋川市	外丸利光
1812年(文化9)	群馬県吾妻郡高山村尻高	松井久
1813年(文化10)	群馬県吾妻郡吾妻町岩井	伊能
1814年(文化11)	長野県茅野市	今井実
〃	山梨県北巨摩郡白州町台ヶ原	北原新次
1816年(文化13)	群馬県吾妻郡中之条町	唐沢富夫
1818年(文政元)	神奈川県厚木市荻野	難波東平
1821年(文政4)	山梨県北都留郡上野原町鶴	小俣徳
1824年(文政7)	群馬県吾妻郡中之条町	綿貫重郎
1826年(文政9)	島根県八束郡宍道町宍道	木幡
〃	群馬県吾妻郡中之条町	堀口長十郎
1827年(文政10)	東京都世田谷区上用賀	飯田恭次
1828年(文政11)	群馬県太田市市場	金井欽三郎
1829年(文政12)	島根県八束郡宍道町宍道	木幡
1830年(文政13)	群馬県渋川市	岸勇一

それでは文化年間というかなり早い時期に家相図を作成してもらった家とはどのような家だったのだろうか。わざわざ家相図を作成してもらうくらいの家だから、かなり裕福で経済力のある家と想像されるが、はたしてどうだろうか。

高橋敏は上州をフィールドにして博徒《ばくと》、民衆の教育、リテラシー、女性史など幅広く近世史を描いてきた歴史家である。彼の研究の中で、一八〜一九世紀の群馬県勢多《せた》郡富士見《ふじみ》村をフィールドに、赤城型《あかぎがた》民家と呼ばれる民家形式が出現する過程を村落構造とからめて解明した研究がある。その研究では、文化六年（一八〇九）というかなり古い時期に作成された家相図を所蔵する船津亀次家の経営規模が明らかにされている。家相図が作成される二年前、文化四年（一八〇七）に同家が所有していた田畑の面積は五反四畝であり、富士見村の中では、その経営規模は中あるいは上の下程度であったという。家族構成だが、主人の重兵衛は五七歳、女房は四四歳、息子の弥三郎は一二歳という三人の核家族で、かなり小さな家族構成である。つまり、船津家は極めて裕福な家とはいえないのである。文化年間というかなり早い時期に家相図を作成してもらった家は、予想に反して裕福で経済力のある家ではないのである。

以上のように、一九世紀初頭に関西から何百キロも離れた関東でも家相図が作成されていた。しかも、現存最古の家相図は、江戸から一〇〇キロ以上離れた群馬県渋川市子持村で作成されていたのである。したがって、関西の方が関東よりも早くから家相判断が行われていたという説は再考を要するであろう。無論、史料調査が進めば関西でも文化二年（一八〇五）以前の家相図が発見される可能性は大である。

ここで強調したいのは、大坂よりも遠方の方が作成年代は遅くなるという文化周圏論的な考え方では、家相が流布していく過程を捉えることができないということである。従来の民俗学では、文化の伝達を考える際にはその地域を訪れた宗教者や商人、旅人など身体を通した伝達を想定することが一般的であった。たとえば、大坂の松浦東鶏自身が大坂周辺で家相判断をしたことにより家相判断が行われるようになったとか、東鶏の元で家相を学んだ人間が故郷に帰って家相判断をするなどである。無論、そうした直接的な人的交流による伝達もあったであろう。しかし、それでは前述したように関西から何百キロも離れた場所で、文化年間に家相図が作成されたことを説明するには無理があろう。

私は家相書という書籍により、家相という知識が普及していったと考える。たしかに人的交流による伝達もあったが、書籍などの文字による伝達も見逃せない。なぜなら時間と距離を超えて広範囲に伝達できるという利点があるからである。先に家相書の版元が大坂から江戸、さらに地方へと拡大していったことを述べたが、このことは全国に家相書の読者が存在していたことを物語っている。換言すると、大坂の松浦東鶏や松浦琴鶴から直接学んだ人々だけではなく、全国各地に家相書を通じて家相を学んでいた読者が存在するのである。

図5で先に示したように、家相書の出版数が急増する一八〇〇年以降、家相図が作成され始める。すなわち、家相書が出版され流布していった結果、家相図が作成されるようになるのである。

先に確認したように、初期の家相書の版元は大坂など上方が中心であり、家相書の著者も上方在住の者も多かった。それにもかかわらず、関東でも一九世紀初頭に家相図が作成されたのは、人的交流により家相図作成能力を得たのではなく、家相書を読んで学習し家相図作成能力を得たからだと考えられる。すなわち、家相書という媒体により全国に流布したのである。さらに、関東でも文化年間には家相図が作成されていることから、家相書という書籍が全国津々浦々までに流通するのに、さして時間がかからなかった、さほど地域差は存在しなかったと考える。

中国の風水書

長崎貿易と家相

家相書の著者たちは何を参考にして、それぞれの家相を確立させたのであろうか。そのヒントとなるのが、尾島碩聞が著した『家相新編』（一九〇一年）という本である。同書の家相の歴史と流派について論じた部分には次のような説明がある。

然《しか》ルニ寛政年間ニ至リ浪花《なにわ》ニ松浦東鶏起リ当時来舶セシ陰陽《いんよう》五要《ごよう》奇《き》書《しょ》協紀《きょうき》弁方書《べんほうしょ》五《ご》種秘窮《しゅひきゅう》等ノ諸書ヲ参考シ陰陽五行ノ定理《ていり》ニ依リテ其善悪ヲ弁ジ家相図解家相大全等ノ諸書ヲ著シ別ニ一家ノ新説ヲ述ブ近世斯道ノ盛ナルハ東鶏ノ力与《あずか》リテ多シト言フベシ

著者の尾島碩聞は先に紹介した松浦琴鶴の弟子で明治期に活躍した家相見である。尾島によれば、松浦東鶏は中国から輸入された陰陽五要奇書などの漢籍を参考にして自らの家相学を確立させ、多くの家相書を出版し、家相学が興隆したのは彼の力が大きかったという。

これは注目すべき指摘である。というのも、従来、建築史学などでは家相学が発達したのは、陰陽道書や大工技術書の影響が大きいというのが定説であり、中国から輸入された書籍の影響についてはあまり論じられてこなかったからである。

私は、代表的な陰陽道書である『陰陽雑書』『三国相伝陰陽管轄簠簋内伝金烏玉兎集《さんこくそうでんいんようかんかつほきないでんきんうぎょくとしゅう》』『吉日考秘伝《きちにちこうひでん》』の三書の目録から、①土地の形状、方位など地相に関するもの、②住宅を始めとする建物、室内設備の配置など家相に関するものを検討したことがあるが、土地の形状の吉凶については三書とも詳細に論じられているが、建造物の形や位置などいわゆる家相についてはほとんど扱われていないことを明らかにしたことがある。また、『愚《ぐ》子見記《しけんき》』『大工雛形番匠秘事《だいくひながたばんしょうひじ》』『大匠手鑑《たいしょうてかがみ》』『匠家極秘伝《しょうかごくひでん》』『匠家必要記』など近世の代表的な大工技術書の検討も行ったが、陰陽道書と同じ結果、つまり地相については言及しているが、家相についてはほとんど言及されていなかった。すなわち、従来の家相学が発達したのは、陰陽道書や大工技術書の影響が大きいという定説は再考する必要がある。その意味で、松浦東鶏が中国から輸入された書籍を参考にしたという尾島の指摘は、たいへん大きな意味を持つ。

それでは、その当時、どのような書籍が中国から輸入されていたのであろうか。周知の通り、江戸時代、日本は鎖国しており、海外への自由な渡航はもちろん、貿易も厳しく制限されていた。海外に唯一開かれていたのは長崎で、すべての輸入品は長崎貿易を通じて行われた。キリスト教禁令政策を執った幕府は、すべての輸入品のキリスト教との関係の有無を厳しく吟味した後、初めて輸入を許可した。無論、書籍も例外ではない。というよりもむしろ、書籍こそ情報を伝達する媒体であるから、より厳しく吟味したのである。いつ長崎に到着したのか、出発したのはどこの港なのか、などなど厳しく取り締まり、それが文書で残っているのである。その結果、今日の私たちは、幸運なことに、いつ、どこから、何という書名の書籍が輸入されたかを知ることができるという歴史的恩恵が与えられたのである。

この分野では大庭脩の先駆的な研究が注目される。たとえば、大庭は中国で出版された天啓・崇禎年間版の三五点の書籍が、「寛永御書籍目録」に記された購入年月日から尾張徳川家の文庫である蓬左《ほうさ》文庫に入庫するまでの期間を検討した。入庫するまでに要した期間は平均して六・三年、早いもので二年、遅いもので一三年であることを明らかにしている。

表4　輸入された風水書一覧

書籍名	年代	史料
一六九九年	地理衍義	商船載来書目
一七〇二年	増補地理直指原真	商船載来書目
一七一〇年	地理大成	商船載来書目
	理気三訣(地理大成)	商船載来書目
	地理六経註(地理大成)	商船載来書目
	羅経撥霧集(地理大成)	商船載来書目
	平陽全書(地理大成)	商船載来書目
一七二二年	地理琢玉巒頭歌括	商船載来書目
一七三四年	地理伝心大全	商船載来書目
一七三五年	地理大全	齎来書目
一七六五年	地理綜要	商船載来書目
一七九八年	郊余叢書	商船載来書目
一八〇三年	地理大成	書籍元帳
一八〇五年	地理綜要地理大成	齎来書目 齎来書目
一八四一年	地理韻釈	書籍元帳
一八四二年	地理啖蔗録扒沙経	書籍元帳 書籍元帳

表5　『家相新編』に記された書籍一覧

書籍名	年代	史料
一六九九年	三才発秘	商船載来書目
一七一〇年	平陽全書(地理大成)	商船載来書目
一七七七年	通徳類情	商船載来書目
一七八〇年	欽定協紀弁方書	商船載来書目
一七八六年	欽定協紀弁方書	大意書
一七九四年	陰陽五要奇書	商船載来書目
一七九八年	郊余叢書	商船載来書目
一八一〇年	陰陽五要奇書	大意書
一八一二年	欽定協紀弁方書	直組帳
一八四一年	通徳類情	書籍元帳
	通徳類情	書籍元帳
一八四三年	通徳類情	見帳
一八四六年	通徳類情	書籍元帳
一八四七年	通徳類情	書籍元帳

一八四四年	地理玉髄真経	落札帳
一八四五年	地理玉髄真経	書籍元帳
一八四七年	地理綜要地理図石摺	書籍元帳 書籍元帳
一八四九年	地理弁正統玉尺経	書籍元帳 書籍元帳

註　原則として目録で「相宅・相墓」と分類された書籍を風水書とした。

風水書の輸入

　さて、長崎貿易を通じてどのような風水書が輸入されたのであろうか。それを知るために、まず内閣文庫の目録で「相宅・相墓」、すなわち風水と分類された書籍で、長崎貿易を通じて輸入された書籍をまとめたのが表4である。元禄一二年（一六九九）に輸入された『地理《ちり》衍《えん》義《ぎ》』を嚆矢として、続々と『地理〇〇』という「地理」という言葉が冠せられた書籍が輸入されている。たとえば、『地理大成』は宝永七年（一七一〇）に輸入されて以来、享和三年（一八〇三）、文化二年（一八〇五）と三回輸入されている。ここで言うところの「地理」とは、現代で意味するところの「地理」ではない。冒頭でも触れたように「地理」とは風水を意味する。このように一七世紀以降、風水書が輸入されていたのである。

　次に尾島碩聞が『家相新編』で風水関係の参考文献とした書籍で長崎貿易を通じて輸入されたものを検討したい。なぜなら、先に引用したように「陰陽五要奇書協紀弁方書五種秘窮等ノ諸書ヲ参考シ」とあるように、「相宅・相墓」に分類されない書籍もまた家相の確立に大きな影響を与えたからである。表5のとおり、元禄一二年（一六九九）に輸入さ

表6　風水書の出版年と輸入された年

書籍名	著者	出版年	輸入された年	出版から輸入に要した期間
三才発秘	陳畊山	1695年（康熙34）	1699年（元禄12）	3年
陰陽五要奇書		1791年（乾隆56）	1794年（寛政6）	3年
通徳類情	陳亮功	1772年（乾隆37）	1777年（安永6）	5年
地理大成	葉泰	1696年（康熙35）	1710年（宝永7）	14年
地理弁正統	張心言	1827年（道光7）	1850年（嘉永3）	23年
欽定協紀弁方書	和碩荘親王等	1742年（乾隆7）	1780年（安永9）	38年
地理玉髄真経	張洞玄	1550年（嘉靖29）	1844年（天保15）	294年

れた『三才発秘』をはじめとして、『通徳類情《つうとくるいじょう》』『欽定協紀弁方書』『陰陽五要奇書』などが輸入されている。とくに『通徳類情』は安永六年（一七七七）に輸入されて以来、幕末の弘化四年（一八四七）まで、実に六回輸入されている。同書は多田鳴凰の『洛地準則』（一八五九年）や尾島碩聞の『家相新編』などにも参考文献としてあげられている。詳細は別章で論じるが、『南総里見八犬伝』などの著作で有名な滝沢馬琴は、家相書の出版を考えるほど、家相を研究していた。馬琴もまた『通徳類情』などの漢籍を通して勉強しており、同書を二両二分で購入している。このことから、同書はそうとう影響力があったと考えられる。

先に輸入に要する平均期間が六・三年であることを確認した。輸入に要した時間であるが、中国で出版された年ならびに日本に輸入された年が明らかな風水書七点によると、表6に示したように最も早いものが三年、五年以下の書籍が三点ある。

これらの輸入された書籍はたいへん希少なものであったに相違ない。蓬左文庫など幕府の文庫に関わる者であれば手に触れることはあるだろうが、市井《しせい》の者が輸入書を入手して読むことは極めて困難だったと想像される。それでは、そうした状況下で、大坂高津で商売を営んでいた松浦東鶏は、どのようにして『陰陽五要奇書』『協紀弁方書』などの書籍を入手して読んでいたのだろうか。

実は輸入された書籍は日本で翻刻され出版されていたのである。表7は日本で翻刻された風水関係の書籍である。『陰陽五要奇書』は文化八年（一八一一）に著名な易学者である井上鶴洲《かくしゅう》により翻刻され出版された。版元は大坂の浪速書林の藤屋弥兵衛である。その後、文化一一年には、当時江戸で隆盛していた版元である須原屋茂兵衛から出版された。浪速書林の藤屋弥兵衛は『陰陽方位便覧《おんようほういびんらん》』『八宅明鏡《はったくめいきょう》』『三白宝海《さんはくほうかい》』と次々に翻刻書を出版したのである。

日本で翻刻された『陰陽五要奇書』とは『郭氏元経《かくしげんきょう》』『璇璣経《せんききょう》』『陽明按索《ようめいあんさく》』『佐元直《さげんちょく》指《し》』『三白宝海』の五冊を『陰陽五要奇書』と改題して、乾隆五六年（一七九一）に『付録八宅明鏡』を付録として出版されたものである。日本には中国で出版された三年後の寛政六年（一七九四）に輸入され、その一七年後の文化八年（一八一一）には翻刻されたのである。

表7　翻刻された風水書

出版年	書籍	著者	版元・その他
一八一一年（文化八）	陰陽五要奇書　初篇	井上鶴洲　校訂	藤屋弥兵衛
一八一四年（文化一一）	陰陽五要奇書　郭氏元経　璇璣経	森重勝輯	須原屋茂兵衛（江戸）
一八一四年（文化一一）	陰陽方位便覧　郭氏元経　璇璣経	森重勝輯	須原屋茂兵衛（江戸）
一八一七年（文化一四）	陰陽五要奇書之内陽明按索	明、陳復心	藤屋弥兵衛　翻刻一冊
一八一七年（文化一四）	協紀弁方書	井上鶴洲　校訂	藤屋弥兵衛　小本翻刻（清、乾隆帝御製）
一八一七年（文化一四）	八宅明鏡	不詳	藤屋弥兵衛　翻刻二冊元幕講
一八一七年（文化一四）	三白宝海	不詳	藤屋弥兵衛　翻刻一冊元幕講

表8　家相書の著者による風水書の解説書

出版年	書籍	著者	版元・その他
一八一八年（文政元）	八宅明鏡即考	井上鴻斎	藤屋弥兵衛（高麗橋一丁目）
一八二二年（文政五）	八宅明鏡便覧	吉田徳謙	藤屋弥兵衛
一八二五年（文政八）	八宅明鏡大全	不詳	
不詳	八宅明鏡図解	松浦琴鶴	俗占四書・九星秘訣・易学独判断合一冊

次の段階になると、輸入された書籍の翻刻に留まらず、それらの書籍を日本人が解説した解説書が出版されるようになる。表8はそれをまとめたものである。

『八宅明鏡』は『陰陽五要奇書』の付録とされた書籍である。文政元年（一八一八）には、井上鴻斎が、浪速書林の藤屋弥兵衛から『八宅明鏡即考』と題して出版している。藤屋弥兵衛は四年後の文政五年（一八二二）に、『陰陽方位便覧』（一八一四年）などの著作がある暦学者吉田徳謙を作者にして『八宅明鏡便覧』を出版している。さらに家相の一大流派を築いた松浦琴鶴までもが年代・版元は不詳ながら『八宅明鏡図解』を出版している。このように家相書の著者たちは中国から輸入された書籍を翻刻し、さらに解説書を出版していたのである。

ここで興味深い事実がある。先に長崎貿易で輸入された風水書、すなわち内閣文庫の目録で「相宅・相墓」、すなわち風水と分類された書籍を確認した。不思議なことに、これらの書籍は翻刻されたり、解説書が出版されていないのである。「相宅・相墓」に分類された書籍の書名には『地理衍義』のように「地理」という言葉が冠せられている。風水には土地の形状や気の流れを重視する形成学《けいせいがく》派と、十干十二支・星宿など羅経を重視する原《げん》理《り》学《がく》派の二つがある。『地理○○』という書籍は風水でも形成学派であり、それに対して、翻刻された『陰陽五要奇書』などの書籍は原理学派の書籍なのである。つまり、日本には

表9　「風水」という表題がある家相書一覧

	題名	著者	出版年	板元・その他
1	風水問答　地理正言	胡文煥(明)	一七六九年	大坂高麗橋一丁目、藤屋弥兵衛
2	奥義免許風水玄機録	松浦東鶏	一八一〇年	写本：礫川堂文庫(明治写、家相秘伝四神書と合一冊)
3	地理山水風水秘録	西岡玉全	一八一六年	京都書林　蓍屋宗八 東武書林　須原屋茂兵衛 敦賀屋九兵衛 河内屋八兵衛 浪速書林　藤屋弥兵衛 同　善七 同　徳兵衛
4	風水園筆草	松浦国祐(星洲)	一八三一年	江戸　須原屋茂兵衛 大坂　柳原喜兵衛 松村九兵衛 泉本八兵衛 浅野弥兵衛 北尾善七 橋本得兵衛
5	地理風水家相一覧	松浦琴鶴	一八三四年	不詳
6	家相深秘地理風水	松浦幸最	一八四七年	写本：礫川堂文庫
7	家相風水伝	松浦琴鶴	不詳	写本：礫川堂文庫(嘉永写)
8	地理風水伝秘奥巻	松浦琴鶴	不詳	写本：礫川堂文庫(明治写)

9	風水玄機	不詳	不詳	写本：成田図書館（上巻のみ一冊）
10	風水四神巻	不詳	不詳	礫川堂文庫（二部）

両学派の書籍とも輸入されたが、受容されたのは原理学派の書籍だったのである。

これまで見てきたように、家相書の著者たちは、中国から輸入された原理学派の風水書を参考にして各々の独自の家相学を展開していった。その中にはそのものずばり「風水」という表題、副題が付いている書籍もあり、表9のように一〇冊確認される。これらのうち、尾島碩聞が主催した礫川堂文庫が蔵した五冊は、残念ながら、第二次世界大戦の戦災で礫川堂文庫が焼失し失われてしまった。今日、確認できるもっとも古い「風水」という題が付けられた書籍は、明和六年（一七六九）に出版された『風水問答　地理正言』である。同書は明《みん》代の風水書である。風水と題する書籍は、松浦東鶏が一点と弟子の国祐が一点、松浦琴鶴が四点と弟子の幸最も一点を数え、両松浦派に存在する。版本は西岡玉全の『地理山水風水秘録』、松浦国祐の『風水園筆草』の二冊がある。

人名録に登場する家相見たち

以上のように、近世の家相書の著者たちは中国の風水書を研究し、さらに風水というタイトルの書籍を出版していた。今日の私たちにとって「風水」という言葉はごく最近になって眼にしたり耳にしたりする言葉という印象がある。また、研究者の中にも風水という言葉は日本に定着しなかったと論じるものもいる。しかしながら、どうやら近世において風水という言葉は、存外身近な言葉だったのかもしれない。その一例として、近世の人名録を取り上げよう。

近世には大坂、京都、江戸などの大都市では、医者、学者、俳諧、華道、書道などさまざまな分野で活動する人々の人名録が出版された。人名をイロハ順に並べたものや、専門ごとにまとめたものなどがある。いうまでもないが、人名録とは、ページを繰って知りたい情報を調べるものである。だから、そこに記されている「華道」「俳諧」などの専門名は、誰もが知っている言葉のはずである。なぜなら、人々が共有している知識でなければ、人名録の意味がないからである。したがって、人名録に記されている専門名は、当時の人々の常識と考えてもあながち間違いではないだろう。

京都と大坂の人名録には、松浦両派の家相見の名前が記されている。それでは、彼らは何が専門であると紹介されているのだろうか。

まず京都の人名録である『平安人物志《へいあんじんぶつし》』を見ていこう。新井白蛾《はくが》など家相にも言及している高名な易学者は、明和五年版（一七六八）・安永四年版（一七七五）・天明二年版（一七八二）では「卜筮者《ぼくぜいしゃ》」「相者《そうじゃ》」、文化一一年版（一八一四）では「易《えき》」「観相《かんそう》」の項目に分類されている。

文政五年版（一八二二）・文政一三年版（一八三〇）では、その肩書きが「地理風水　五行理学」「相宅　方鑑」に変化している。興味深いのは肩書きが「家相」ではなく、「地理風水」となっている点である。

天保九年版（一八三八）・嘉永五年版（一八五二）・慶応三年版（一八六七）でもまた肩書きは変化し、「玄機《げんき》」となっている。

以上のように、京都の家相見たちは人名録である『平安人物志』では、専門が「家相」と紹介されていないこと、文政年間には「地理風水」が専門であると紹介されていること、専門は時代により変化していることが確認される。

次に松浦東鶏、松浦琴鶴など多くの家相見が活動していた大坂の人名録を検討しよう。文政六年版（一八二三）の『続浪華郷友録《ぞくなにわごうゆうろく》』で易学あるいは風水が専門とされた者をまとめたのが表10である。専門が「地理」「風水」とされた者は、「東鶏」・「峨山《がざん》」・「鶴洲」・「省斎」の四名いる。「東鶏」とは言うまでもないが松浦東鶴、「峨山」とは文政元年（一八一八）に『家相方位図説』を出版した賀茂保久《かもやすひさ》、「鶴洲」とは先に紹介した新井白蛾の弟子の井上鶴洲、「省斎」については不詳である。専門は記されていないが東鶏の弟子である「星洲」も掲載されており、彼を含めれば「地理」「風水」を専門とする者は六名を数える。

表10　『続浪華郷友録』にある家相見

	専門	名	字	号	俗称・住所
蘆洲	易術及国風	観国	孟光一	葦廼	俗称井上主税雈洲之男
東鶏	地理風水方位	久信			通称松浦長門掾　住瓦屋橋東
峨山	地理観相	保久	伯岳		俗称賀茂丹後筑紫人　住過書町心斎橋東
鶴洲	易術風水相法	教親	和卿	耕石	俗称井上主殿　住淡路町心斎橋東
星洲		国祐		泉隣	俗称松浦肥後掾　長門掾之男
省斎	卜筮風水	阪上名正道	直夫	凍青	摂東平野□土

表11　『続浪華金欄集』にある家相見

	専門	名	字	号	俗称・住所
蘆洲	易学好国風	観国	孟光一	葦廼舎	俗称井上主税　雈洲之男
茂斎		明高			俗称松浦好之祐　長門掾之季子
東鶏	地理風水方位	久信			通称松浦長門掾　住瓦屋橋東
峨山	地理観相	保久	伯岳		俗称賀茂丹後筑紫人　住過書町心斎橋東
鶴洲	易学風水相法	教親	和卿	耕石	俗称井上主殿　住淡路町心斎橋東
星洲		国祐		泉隣居	俗称松浦肥後掾　長門掾嫡子

別の人名録を検討してみよう、文政六年跋の『続浪華金欄集《きんらんしゅう》』で「地理」「風水」を専門とする者をまとめたのが表11である。『続浪華郷友録』と同じく「東鶏」・「峨山」・「鶴洲」の三名が「地理」「風水」を専門とする者とされ、「星洲」とともに東鶏の弟子である

「茂斎」も含めれば「地理」「風水」を専門とする者は六人である。

先に文政五年版と文政一三年版の『平安人物志』でも「地理風水　五行理学」という言葉が使用されていることを確認したが、興味深いことに、文政年間の大坂でも、家相の大家である松浦東鶏とその弟子たちの専門は、「家相」ではなく「地理」「風水」が専門であると紹介されているのである。東鶏は九冊の著書を出版しているが、そのうち題名に「家相」と称しているのが五冊、「風水」という題名があるのは、文化七年（一八一〇）に出版された『風水玄機録』一冊のみである。圧倒的に家相と称しているのである。

しかし、東鶏の一番弟子で京都で活動していた星洲は三冊の著書を出版しているが、天保二年（一八三一）に出版された『風水園筆草』は「風水」と称し、他の二冊は『弁惑書《べんわくしょ》口訣《くけつ》』（一八〇二）、『方角即考《ほうがくそっこう》』（一八〇七）と三書とも「家相」という題名ではない。師匠の東鶏は「家相」と題した書籍を出版しているのに、不思議なことに一番弟子は一冊も出版していないのである。両者の著書の題名に共通するのは、東鶏が『風水玄機録』、星洲が『風水園筆草』と、「風水」という題名の著書を出版している点である。それで、専門が家相ではなく風水とされたのであろうか。

さらに、人名録にはもう一つ不思議な点がある。東鶏と袂を分けて別の流派を形成し、多くの著作を出版した松浦琴鶴、さらにその弟子たちの名前が一切掲載されていないのである。同時期に両者とも大坂で活動しているのにである。その理由は現段階では不詳であり、今後考えていきたい。

人名録の中で初めて専門が「家相」と紹介されるのは天保になってからである。天保八年版（一八三七）の『続浪華郷友録』に「易学家相」という項目が登場する。

しかしながら、「家相」という言葉が人名録で使われるのはわずか一一年と短命で、嘉永元年版（一八四八）の『浪華当時人名録』では「易学家相」という項目から「易学風水家」に変わる。再度、家相ではなく風水という言葉が登場してくるのである。

以上のように、上方の人名録では、天保年間になって初めて家相という言葉が登場するものの、嘉永版では風水に変化する。言葉としては、家相よりも風水という言葉の方が使われているのである。江戸近辺については、江戸の人名録を何点か通覧したが、「家相」「風水」という言葉を見いだすことはできなかった。

このように、文化文政年間の京坂では人名録という日常生活に密接に関係がある冊子に「風水」という言葉が見いだされるのである。前述したように、人名録は人物とその専門・職能が人々に広く知られていなければ意味をなさない。すなわち、当時の上方では風水という言葉が使われ理解されていたのである。冒頭で現代に生きる私たちが風水という言葉を耳にするようになったのは十数年前からと述べたが、意外なことに江戸時代の上方では、流通していたのである。

家相見

村田あがの研究によれば、松浦東鶏は「先生また暦家方位の事に通達し、その術を精ゆ。ここに於いて近き者は迎え、遠き者は地図家構えを図し持って来たって鑑察を需《もと》む。乃《すなわ》ち先生これを相し、吉凶を判断す」と『家相図解大全』に記されており、近隣の者は直接家相判断をし、遠い者には持参した図によって家相判断を行っていたのである。『家相図解』によれば、摂州兵庫灘辺住吉から家相判断の依頼があり逗留《とうりゅう》していたところ、二里ほど東の山辺の農家からも家相判断を請われるなど、東鶏は地方から依頼があれば、その地を訪れて判断することもあった。東鶏は吉野上市あたりまで足を伸ばすこともあった。

家相判断者の実態

さて、これまで松浦東鶏、琴鶴など家相書の著者像、人名録に記されている家相見につ

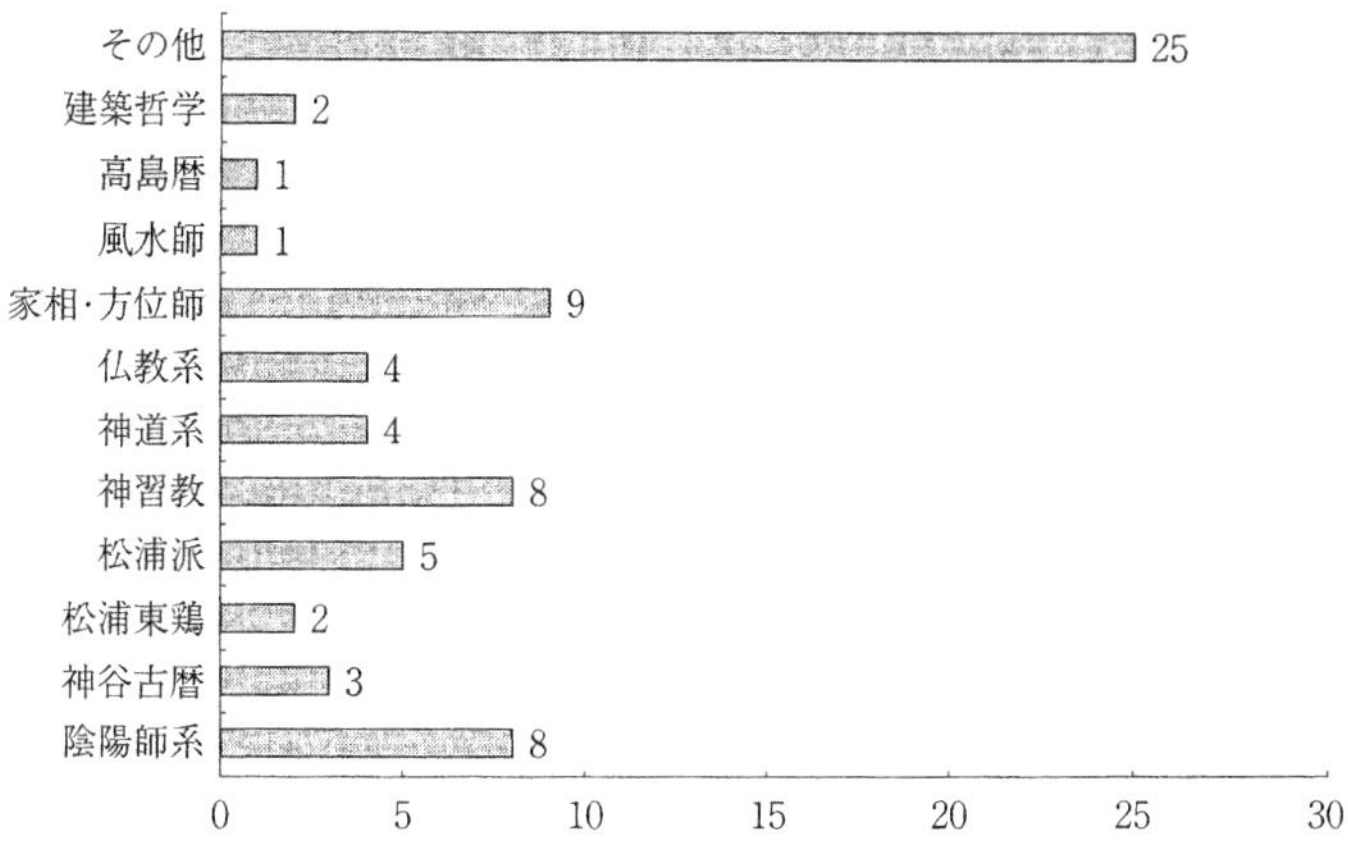

図7　家相図作成者の肩書

いて検討してきたが、彼らは自らの著書を出版するなど、いわば家相を発信する立場の者たちであった。それでは、家相図作成者とはどのような人々だったのだろうか。

末端で家相判断を行っていた者を知る好個の史料が家相図である。家相図には判断者名、判断年月日が記されていることが多く、全国津々浦々で家相判断を行っていた者の肩書きを知ることができる。図7は家相図から肩書きをまとめたものである。

肩書きでもっとも多いのは「家相師・方位師」の九名であるが、どの流派なのかは不詳である。流派が明らかな者は、「松浦東鶏先生門人」「松浦長門」「浪華松浦長門掾橘東鶏先生免許」という肩書から松浦東鶏派と推定される者が二名、また東鶏か琴鶴かは不詳であるが、

「松浦流」あるいは「松浦某」という肩書名から、「松浦派」と推定される者が五名、「神谷古暦派」が三名いる。

陰陽道関係では、「土御門殿門人」「陰陽師」などの肩書きから陰陽師系と考えられる者、さらに近代でも「天社暦《てんしやれき》」「陰陽教会」など陰陽道系と考えられる者がいる。また、「神道三元」「神道大講」「元塩野村神主」などの肩書から神道系と推定される者が四名、教派神道の一つ「神習教《しんしゆうきよう》」を名乗る者が八名いる。神主でも依頼があれば家相図を作成するという話を福島県南会津《みなみあいづ》郡、茨城県土浦《つちうら》市、坂東《ばんどう》市、桜川《さくらがわ》市、つくば市などで聞いたことがある。神習教の教義に家相を重視するとは書かれていないが、山形県などでは家相判断をしていた者が長井《ながい》市、上山《かみのやま》市、東置賜《ひがしおきたま》郡川西《かわにし》町などにいた。「法印」あるいは寺社名が記載されていることから、仏教系と推定される者が四名いる。山形県置賜地方では、現在でも法印が家相判断を行っている。さて、京阪の人名録では、東鶏らは「風水」が専門であることを紹介したが、家相図で「風水師」と名乗っている者は意外なことに一名しかいなかった。変わったところでは「建築哲学」と称している者が二名いる。肩書からはどのような人物か不詳な者も多い。

家相書の検討からは、神谷古暦、松浦東鶏、松浦琴鶴といった家相見の著書が多く、彼らの直接・間接的な門人が家相図を作成していたと想像されるが、家相図作成者の肩書きからは、家相諸派以外にもさまざまな肩書きを持つ者が作成していたことが明らかとなった。このことは家相が流派を越えて幅広く受容されていたことを物語っているのである。

これらの家相図の作成者の中には、家相書を著した者もいる。

宍戸頼母

通称宍戸《ししど》頼母《たのも》は本名を宍戸謙堂《けんどう》という易学者で、明治一五年（一八八二）頃に没した。仙台藩士だったが、天保一三年（一八四二）頃には、江戸神田に住んでいた。『相宅知天鏡《そうたくちてんきょう》』（一八四六年）、『方位明鑑《ほういめいかん》』（不詳）、『家相改正図誌』（不詳）などの家相書を著している。彼は江戸神田を拠点に活動していたと考えられるが、文久元年（一八六一）に静岡県小笠《おがさわら》郡小笠町で家相図を作成し、さらに三年後の元治元年（一八六四）、埼玉県戸田《とだ》市で家相図を作成するなど関東周辺で広範囲に活動していた。

水野南北

水野南北（一七五七～一八三四）は著名な大坂の易学者で門人も数多くいたという。『相法修身録《そうほうしゅうしんろく》』（一八一三年）、『相法亦生《やくじょう》記《き》』（一八二八年）、『相法和解《わげ》』（不詳）などの著書がある。死後、門人らにより墓碑の代わりに不動明王の石像が建てられ「出世不動」として信仰を集めたという。

不思議なことに、南北の名が記された家相図が彼の死後も作成されている。たとえば、兵庫県高砂《たかさご》市の入江家は南北が亡くなった三〇年後、元治元年（一八六四）の紀年銘がある家相図を所蔵しており、図には「日本観相学士　水野」と記され「南北」という印が捺印されている。京都府竹野《たけの》郡丹後《たんご》町の永島家が所蔵する家相図には、「相法中祖二代　東都□命堂水野南北」と南北の名が記されている。紀年銘は嘉永元年（一八四八）であり、南北の死後一四年後になる。両家相図とも南北没後のものであることから、どう考えても南北本人が作成したものではなかろう。入江家の家相図は不詳であるが、永島家の家相図には、「相法中祖二代」という文言があり、水野南北の二代目の弟子で江戸で活動していた者と推定される。

先に紹介した水野南北、宍戸頼母とも自らの家相書を出版する著名な家相見といってもいいだろう。宍戸の場合は、江戸を拠点に静岡、埼玉と広範囲で活動しており、東鶏や琴鶴と同じようにいわば家相を発信する立場の者であった。では、彼らの著書を読み、それぞれの地域で家相判断を行っていた、いわば末端の担い手とはどのような人々であったのだろうか。また、その活動範囲はどの程度のものであったのだろうか。家相図を手がかりに検討してみよう。

藤原清明

山梨県北都留《きたつる》郡上野原《うえのはら》町で庄屋を務めた小俣徳家は文政四年（一八二一）の紀年銘がある家相図を所蔵している。同家の家相図を作成したのは藤原清明《せいめい》という人物である。藤原は約三〇年後の嘉永五年（一八五二）八月に大月《おおつき》市大月町の星野家の家相図を作成した。同家は甲州街道の宿場町下花咲《しもはなさき》宿の本陣を勤めた家柄であり、主屋は国指定重要文化財（建造物）に指定されている。同家所蔵の家相図には「当郡船津中村右近輔藤原清明」と記されている。また、家相図には付属文書があり、同文書には「嘉永五年壬申歳八月吉日　普請造作大吉方位撰　中村広西」とあり、藤原清明は中村広西と号していたことがわかる。神奈川県足柄下郡《あしがらしも》山北町《やまきた》の豪家である日吉良栄家は嘉永五年二月に作成された家相図を所蔵している。同図には「于時嘉永五年壬子歳次二月吉日撰之、甲州舟津、中村右近輔広西、日吉氏之住宅備」と記されており、この家相図もまた藤原清明が作成したものである。藤原がどのような人物だったかを伝える史料は未見であり、彼の生涯には不詳な点が多い。しかし、家相図によれば藤原の居住地は「甲州舟津」であり、現在の南都留《みなみつる》郡河口湖《かわぐちこ》町船津《ふなつ》と推定される。彼の本拠と推定される南都留郡河口湖町船津から、依頼先の小俣家がある北都留郡上野原町、大月市の星野家までは約三〇㌔の距離であり家相図の依頼があり作図してもさほど無理はない。しかし、神奈川県足柄上郡山北町までは五〇㌔ほどもある。文政四年から家相図を作成していた藤原は甲州都留地方で信頼を得たからこそ、三〇年後の嘉永五年に、本陣を勤めるほどの名家星野家から家相図作成を依頼されたと推測される。さらに、その評判は県外にまで及んだのであろう。だからこそ五〇㌔も離れた県外の豪農である日吉家からも家相図作成の依頼があったのだと考える。

横谷勘十郎

先に紹介した藤原清明は三〇年間にわたって五〇キロほどの範囲で活動した一代の家相見であった。次に取り上げるのは、さらに長期間しかも広範囲に活動し、一代に留まらず四代にわたった横谷勘十郎という家相見とその弟子たちである。群馬県吾妻《あがつま》郡吾妻町岩井《いわい》の旧家である伊能家は天保一三年（一八四二）の紀年銘がある家相図を所蔵している。同家相図の作成者は隣村の吾妻郡嬬恋《つまごい》村大笹《おおざさ》に住む横谷勘十郎という人物である。

大笹から一五〇キロ以上離れた、長野県木曾《きそ》郡楢川《ならかわ》村の中村家は安政三年（一八五六）の紀年名を持つ家相図を所蔵している。同家所蔵家相図には「桐生一本職官上州大笹宿御関所横谷朝幸門人当陽」と記されており、横谷勘十郎の門人である当陽が作成したものである。

横谷門下の家相見は近代になっても活動を続けている。群馬県立文書館所蔵の伊能家文書および倉品家文書によれば、明治期に横谷勘十郎の三代目の弟子である岩田八郎が、沼田市の倉品家の家相図を三点、そして伊能家の家相図も一点を作成している。明治二七年（一八九四）の倉品家家相図には、「地理家相師横谷勘十郎三代之宝子岩田八郎　古暦流」と記されており、「古暦流」すなわち神谷古暦の流派と考えられる。利根《とね》郡みなかみ町の林孝雄家文書には「地理家相秘伝」という竪冊があり、同文書に「古暦流元祖伝来四代目横谷勘十郎先生門人田口初寿《しょじゅ》」と記されている。田口初寿は、やはり神谷古暦流で横谷勘十郎の四代目の弟子である。管見では、両松浦派を除くと、在郷で約九〇年、四代に渡り活動していた家相流派は珍しい。

同じ家相見に家相図を作成してもらう場合もある。山梨県北杜《ほくと》市白州《はくしゅう》町の北原新次家は醸造業を営む旧家である。同家には文化一二年（一八一五）に上原以仙《いせん》が作成した家相図、天保一二年（一八四二）に坪井民部《たみべ》が作成した家相図、嘉永七年（一八五四）に同じく坪井が作成した家相図が残されている。

文化の家相図と天保の家相図を比較すると、主屋の総桁数が前者が一一間、後者が一三間であることから、両者の主屋は異なる。したがって、天保の家相図は主屋が変わったため、改めて家相判断が行われたと考えられる。また、天保の家相図と嘉永の家相図では付属建物が一致するが、主屋が異なる。このことから、天保一二年（一八四二）以後に新たに主屋が建てられたと考えられる。判断者の坪井民部は文化一二年（一八一五）以後に建てられた主屋の家相判断を天保一二年に行い、北原家の信用を得たのだろう。それが契機となり、一三年後、嘉永七年（一八五四）に新築された主屋の家相判断も任されたのであろう。

これとは逆に別の家相見に家相図を作成してもらう場合もある。筆者のフィールドでの経験上、流派が違う複数の家相図を所蔵する家はまま存在する。その理由を尋ねると、古い家相図を別の家相見に見てもらったところ、「何々が誤りであるから、新たに家相図を書く必要がある」と言われて新たに作成してもらったという答えが大半であった。

具体例をあげよう。土浦《つちうら》市白鳥《しらとり》町の羽成家は昭和三二年（一九五七）に作成された二枚の家相図を所蔵している。ここでは二枚の家相図を便宜的に家相図A、B（図8、9）と表記する。

家相図Aの作成者は、当時土浦周辺で方位師と称して近隣の家相図を作成していた土浦市真鍋《まなべ》在住の小野静堂《せいどう》という人物である。増築などで以前に作成した図面と合わなくなり、また、便所の場所が悪いと出入りの大工に指摘され、便所を改築する際の参考にするために作成してもらった。小野は、一週間くらい、毎日自転車で真鍋から白鳥にやってきて、磁石と巻き尺などを使って色々計測したという。

関東の上層クラスの民家では、母屋とは別に書院と呼ばれる離れを設けることがある。書院は床の間が付いた書院風の八畳間が二間というのが一般的で、接客空間として使用されている。羽成家も母屋とは別に書院が設けられている。

家相図Aには屋敷地全体と母屋、書院、納屋などの付属建物、塀、門などが記されている。室内では竈や便所などが記されている。家相を判断する際には、方位を判断する基準となる中心点を設定することが必要不可欠である。家相図Aの場合は、母屋の四隅から引いた対角線が交わった点が家の中心点と設定されていた。

家相図Bの作成者は羽成家に出入りしていた宮大工・長永が作成したものである。前述

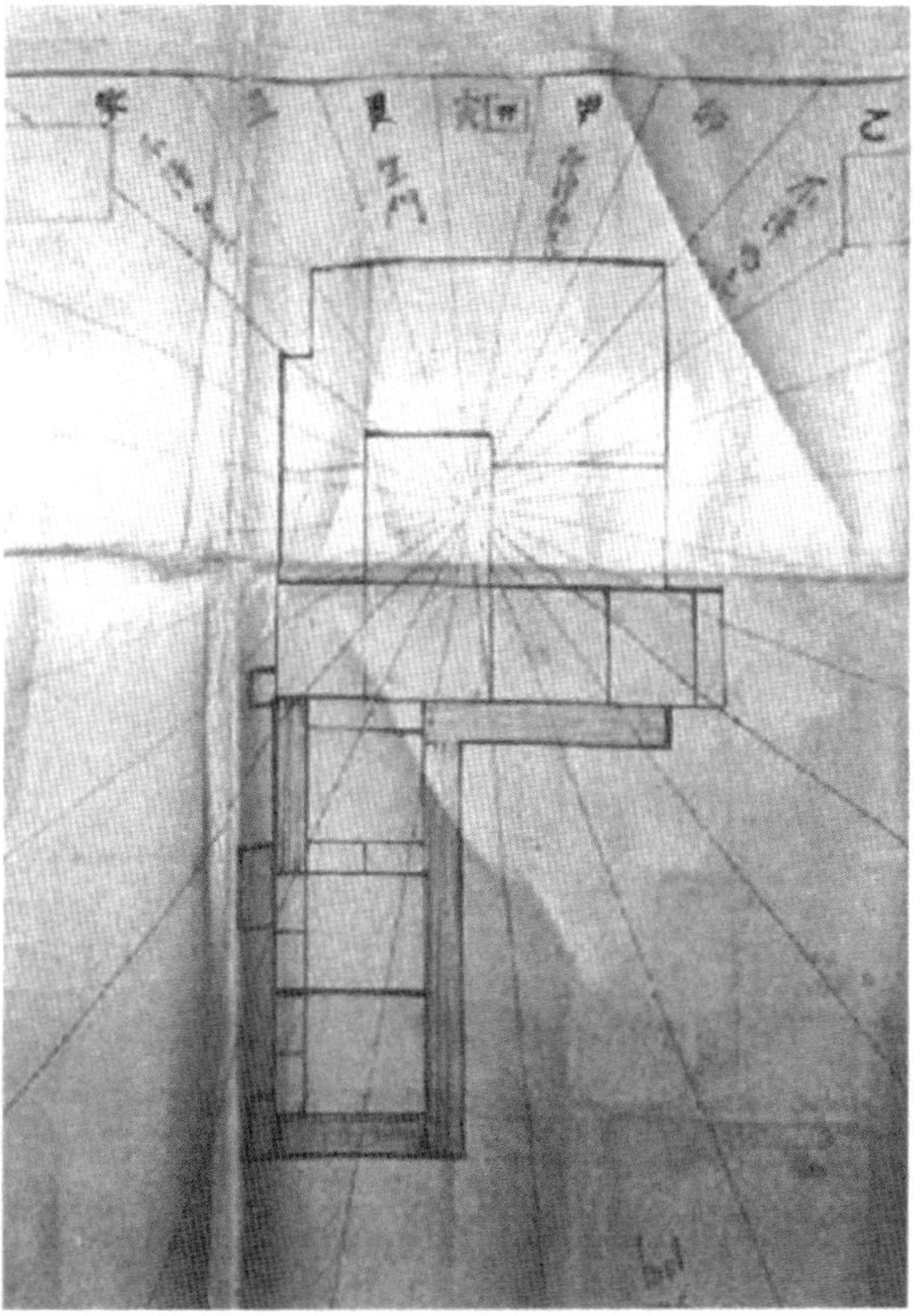

図8　家相図A

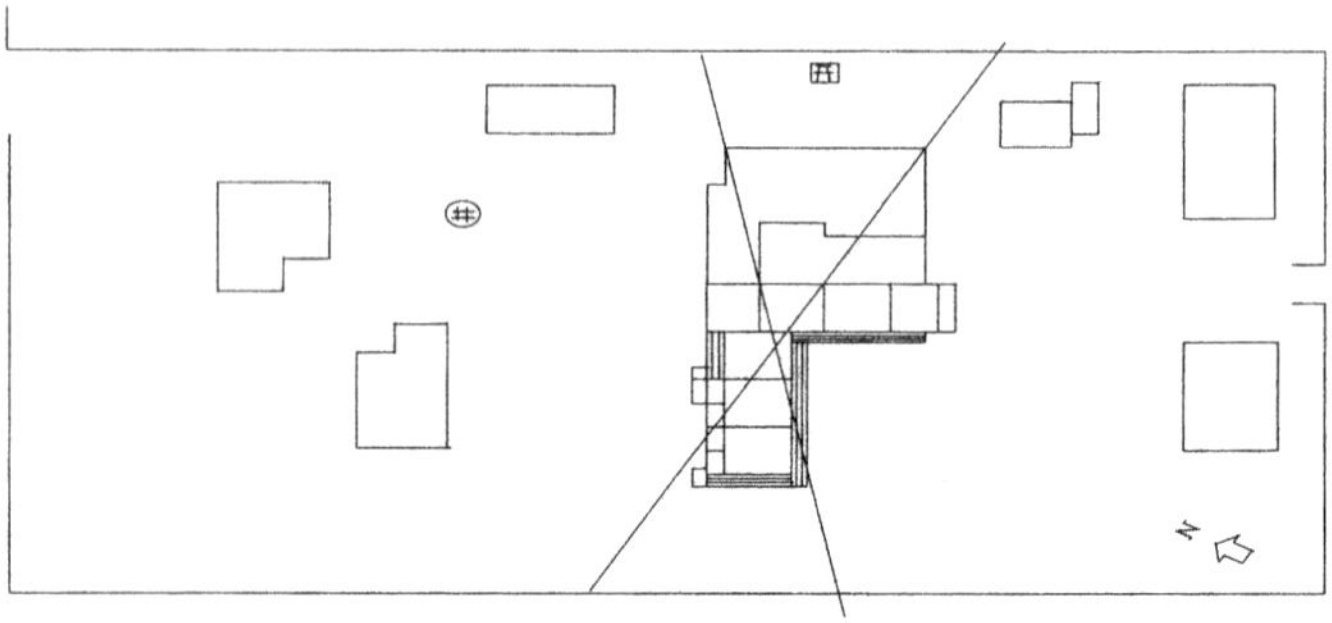

図9　家相図B

した便所の方位を変えた方がいいと助言したのは彼である。長永は小野が作成した家相図を見て、中心点の設定方法が誤っていると指摘した。長永は母屋だけでなく書院も人間が生活する生活空間であるから、中心点を設定するには母屋・書院全体で設定すべきだと主張し、母屋・書院の四隅から引いた対角線が交わった点を家の中心点と設定した。このため家相図Aの中心点が母屋のほぼ中央付近であるのに対して、家相図Bでは母屋と書院の境辺りになっている。言うまでもないが、中心点が全く異なるから、当然ながら家相判断の結果も異なる。

新たに家相図を作成しない場合もある。その場合には、古い家相図に「ここは何々に改正すべし」と指図した紙が貼られている。

永島家所蔵家相図

先に紹介した京都府竹野郡丹後町の永島家を例に挙げよう。筆者も同家の家相図を調査したことがあるが、同家の家相図については永井則男の研究が詳しく、彼の研究をふまえながら検討していきたい。

永島家には表12にあるように天保一五年（一八四四）から大正三年（一九一四）まで、一二枚の家相図がある。

永島家は天保一一年（一八四〇）に新築されたが、その四年後には家相図「地理家相家備鑑相之図」が作成された。その結果は「此家一旦繁栄子孫衰微之相也　或有養子相続之相　女子昌而男子之乏有　病疝積眼病血通腹腰下部腫物等有当之　凶相如右迄応朱画之指図宜改正之者也」（この家はいったんは繁昌するが子孫が衰微する相で、或いは養子相続の相である。女子は盛んにて男子は乏しく、病疝がつもり、眼病、血通、腹や腰など下部に腫物などがある。右のような凶相であるため、朱画の指図によってよろしく改正すべきである）という大変悪い結果であった。図面には北側にある四部屋が朱字でなぞられ、傍らに朱字で改正法が記されている。

年代は不詳であるが、No.3の「宅地鑑相精図」によれば、No.1では母屋の北側に四部屋あったのが、三部屋に変化しており、指示に従って間取りを改正したようである。

安政四年（一八五七）には、「松江東浮雲山麓　楽山田《らくさんだ》述　天橋西幾地里　麗山《れいざん》図」によって家相図が作成されている。永井は、天橋西幾地里を、永島家の近隣にある野田川町と推定し、麗山が作図したものを松江の楽山田が鑑定したと考察している。家相図を作成し

表12　永島家所蔵家相図一覧

No.	年月日	西暦	題名	鑑相者	一間寸法	縦×横
1	天保甲辰年初秋	一八四四	地理家相家備鑑相之図	文堂陳人大里吉天祐	一寸三分	一二一・〇×一七〇・三
2	天保一五年初秋	一八四四	屋鋪地割之図	文堂陳人大里吉		一三三・四×一七三・〇
3	(破損不明)壮月		宅地鑑相精図	関東　文堂主人大里山城大掾平吉	一寸三分	一二三・〇×一七二・〇
4	嘉永元年仲冬	一八四八	(宅相鑑相精図)	相法中祖二代　東都□命堂水野南北	一寸二分	一二九・一×一六〇・二
5	安政四年孟秋	一八五七	家相図	松江東浮雲山麓　楽山田述　天橋西幾地里　麗山図	一寸三分	一三七・八×一四五・〇
6	明治二年中秋	一八六九	家相改正図	松江東浮雲山樵夫　楽田謹撰	一寸三分	八七・七×九〇・六
7	なし		宅相略図	記載なし	一寸三分	八三・七×八五・五
8	なし		(略図)	記載なし		五四・五×七六・八
9	明治五年一〇月	一八七二	坎宅巽門吉格図	淡陽生　平野鳴景		八八・一×一二五・四
10	明治三六年七月	一九〇三	艮宅巽門吉格図	天夏堂識	一寸三分	八七・七×八九・五
11	明治三八年七月	一九〇五	(宅相・祈禱図)	山城国紀伊郡下鳥羽城南離宮社事真幡寸神社祀官御中		四八・三×三三・九
12	大正三年八月	一九一四		天夏堂		二七・八×三九・七

た理由は不詳であるが、母屋の南西に小屋が建てられていることから、増改築によるものと考えられる。また、No.5の家相図で特筆されるのは母屋から設定された中心点以外にも、二つの方位判断のための基準点が設けられている点である。

明治二年（一八六九）には、同じく松江の楽山田に家相図を作成してもらっている。おそらく、松江の楽山田は永島家の信頼を得たのであろう。母屋の基準点は安政のものと全く同じであるが、他の二つの基準点が設置された場所は大幅に変更されている。作成した理由であるが、母屋の南西側に建てられた小屋がなくなり、北側が改造・増築されており、それによる家相判断だと考えられる。

明治五年（一八七二）には、新たに「淡陽生　平野鳴景」という人物に家相図を作成してもらっている。わずか三年後に異なる人物が作成したのである。松江の楽山田から乗り換えた理由など不詳な点が多い。まず家相判断をした理由であるが、母屋の南西側に新たに小屋が増築されたことである。さらに乗り換えた理由であるが、そのヒントは表題に隠されている。これまでの表題は「家相何々」であったのが、「坎宅巽門吉格図」となっている。「坎宅」とか明治三六年（一九〇三）の「艮宅巽門吉格図」という表題を持つ家相図は、いわゆる年回りの吉凶を重視した流派のものである。すなわち、永島家は松江の楽山田とは別派の家相見を選んだのである。残念ながら、乗り換えた理由は不詳である。しかし、その家相判断の結果は満足のいくものだったに相違ない。家相図には次のように記されている。

巽坎宅之為生気星宮内外相生於坎宅而吉固大吉之門戸也　旺財婦女貴官禄進子孫賢多而五男生二女増家業進人口亥卯未年月日幸福来応也

また、家相図に「選択」という一紙の付録がついており、それには年回りの吉凶が詳細に記されている。

その後、永島家では年回りを重視する家相見を信頼するようになったのであろう。明治三六年（一九〇三）には天夏堂に家相図作成を依頼する。天夏堂は信頼を得たのだろう。大正三年（一九一四）まで付き合いは続く。同年は家相図は作成せずに、明治五年（一八七二）に平野鳴景が作成した家相図に、家相改正を指図した紙が貼られている。その指示内容は主として土蔵や隠居屋普請の年回りの吉凶である。

松浦東鶏も『家相図解』のなかで、「神谷古暦の判断書あり。其の文に曰く……と述記し、間取りに朱墨で改め所を指図」とあるように、別派の家相見が作成した家相図を訂正する場合もあった。

これまで家相図を中心にして作成者像を検討してきたが、家相図という史料だけで、近世の家相見について論じるのは史料的に難しい。筆者は渋谷常蔵という明治二年（一八七三）に山形県置賜《おきたま》地方で生まれた近代の家相見について論じたことがあるが、その実態を解明するには、家相図だけでなく、日記や蔵書、聞き書きなどから多角的に検討する必要がある。

近世の家相判断者の実態については、横田冬彦の研究が詳しい。横田は、近江彦根《ひこね》藩の一町人中村全前《みちやす》の日記から、彼をめぐる本屋・手習師・筆耕《ひっこう》・医者・家相見・俳諧師・道具屋などから、知的・文化的環境を検討した。中村全前は安永四年（一七七五）生まれで松浦琴鶴よりも一つ年下である。いわゆる知識人であり、文政年間より多くの人々から依頼を受けて家相図を作成したり、家相や方位判断をした。横田は家業とは別に、家相に関心を持って師匠についたり、書籍を通して学んだものが各地に存在したことを明らかにしている。

家相というと専門の家相見、陰陽師、宗教者が関与するというイメージがある。たしかに家相図作成者の肩書きからはそうしたイメージで捉えることもできよう。しかし、横田が指摘したようにプロの家相見だけでなく、家業とは別に家相を学習し実践する人々の存在も見逃せない。その一例をあげよう。

寺子屋玉松堂

幕末の埼玉県行田市野《ぎょうだ》に玉松堂《ぎょくしょうどう》という寺子屋があった。師匠の植田養山《ようざん》は寺子屋を営む傍ら、家相判断や方位判断を行っていた。菱田隆昭によると、嘉永六年（一八五三）に方位判断を認めるために役所に届け出た文書から、彼は松浦琴鶴の門人で方位判断を行う際には植田琴鳳《きんほう》と称していた。

養山は安政四年（一八五七）～安政六年の三年間にわたる日記を書き残しており、家相判断、方位判断の実態も知ることができる。

安政四年九月一九日に、若小玉《わかこだま》村組頭《くみがしら》栄蔵宅の家相判断を行った。家相図を作成するのに数日かかり、二三日に家相図が完成した。養山は完成した家相図をもとにして同家の家相について講釈し、礼金として金一〇〇疋を受け取った。

翌年安政五年二月には松村屋伝兵衛から、店を新築する時期はいつがいいだろうかという依頼を受けた。養山は暦を見て工事をするのに最適な時期を助言した。さらに、依頼主の伝兵衛の年回りが悪かったからか、工事をする際には方違えをするように指導した。二月七日には店を新築する場所を訪問し、現場で家相判断を行い新たに建てる店の間取りを縄を張って示した。これらの依頼の見料は二〇〇文であった。

三月一六日には、長野新田栄太郎から依頼があった家相図を完成させた。家相図作成料は金一〇〇疋であった。その約一ヵ月後、四月二三日に依頼主の栄太郎は家相図を持参して養山を訪問し、普請の日程はいつが適当だろうかと相談にのってもらった。年回りの吉凶などが記された家相図もあるが、栄太郎家の家相図には年回りの吉凶、普請の吉日が記されていなかったのだろう。相談料は同じく二〇〇文であった。

五月一二日には、「ふじや并越後より手紙届居大龍持参呉候松浦琴斉《きんさい》先生占考書も封入来候」とある。「琴」という名を名乗っていることから、松浦琴斉は松浦琴鶴派の家相見と推定される。養山は松浦琴斉が著した占考書を入手しているが、同氏が著したという占

表13　依頼された内容

依頼内容	方位判断	普請の相談	胞衣を処理する時間と方位	方災	方違え	家相判断	家相図作成
件数	9	7	7	2	2	2	2

考書は現存しておらず、詳細は不詳である。ともかく、養山はより専門的な知識を身につけるために占考書を入手したのであろう。

日記によれば、養山は三年間で家相図を二枚作成し、報酬は金一〇〇疋だった。また、家相図を作成しない場合でも、建築予定地で家相判断を行った時に同額の報酬を得ている。

家相以外では、どのような依頼が寄せられたのだろうか。日記から、依頼された相談をまとめたのが表13である。

養山が受けた依頼でもっとも多かったのは方位判断である。おそらく旅行に行く時やどこかに移動する時など、生活全般に関わる方位判断だと考えられる。普請の相談とは、先に紹介した松村屋伝兵衛が店を新築する時期を相談したことに代表されるように、建築工事を行う時期の相談である。胞衣《えな》を処理する時間と方位とは、出産の際の後産《あとざん》（胞衣）を埋める時間と方位の吉凶である。胞衣は新生児の身体の一部と考えられ、埋めた場所をしっかり踏むと新生児の霊魂が強くなるという信仰があった。方災とは禁忌とされる方位を犯したことにより、体調などを崩すことである。方災により体調を崩したと判断された依頼者に対して、何かしらの処置を施したと考えられる。見料であるが、養山は無料で相談に乗ることもあったが、方位判断、普請の相談の場合は二〇〇文を受け取っている。胞衣・出産関係の場合は同額をもらう場合もあるが、見料を受け取らない場合もあった。

以上のように養山は寺子屋という家業のかたわら、人々のさまざまな相談に乗っていた。そして、その報酬は、「家相図の作成／現地で間取りの指導をした場合」は金一〇〇疋、「方位判断／普請の相談」は二〇〇文だったのである。

このように家相判断は宗教者に限らず、中村全前や植田養山など教養がある者が家業のかたわら行っており、そうした人々が各地に存在していたのである。それは先に検討した家相図作成者の肩書きからも明らかである。詳細は後述するが、論者のフィールドでの経験でも、家相判断する人を尋ねると、専門の家相見や宗教者だけでなく、ごく一般の人で独学で家相を学び頼まれれば家相判断を行うという人に数多く出会ってきた。一九世紀以降、家相は庶民の間に急速に流布していくが、専門の家相見や宗教者だけでなく、こうした独自に家相を学んでいた市井の人々の存在も見逃すことができないであろう。

文化の大衆化と家相

塚本学は「村にひとりは文字を知るものがいるというすがたが、一六世紀までの世の中の到達点であったと思えるのに対して、一七世紀は村内の文字を知るものの増加の時期であったようだ」と述べている。

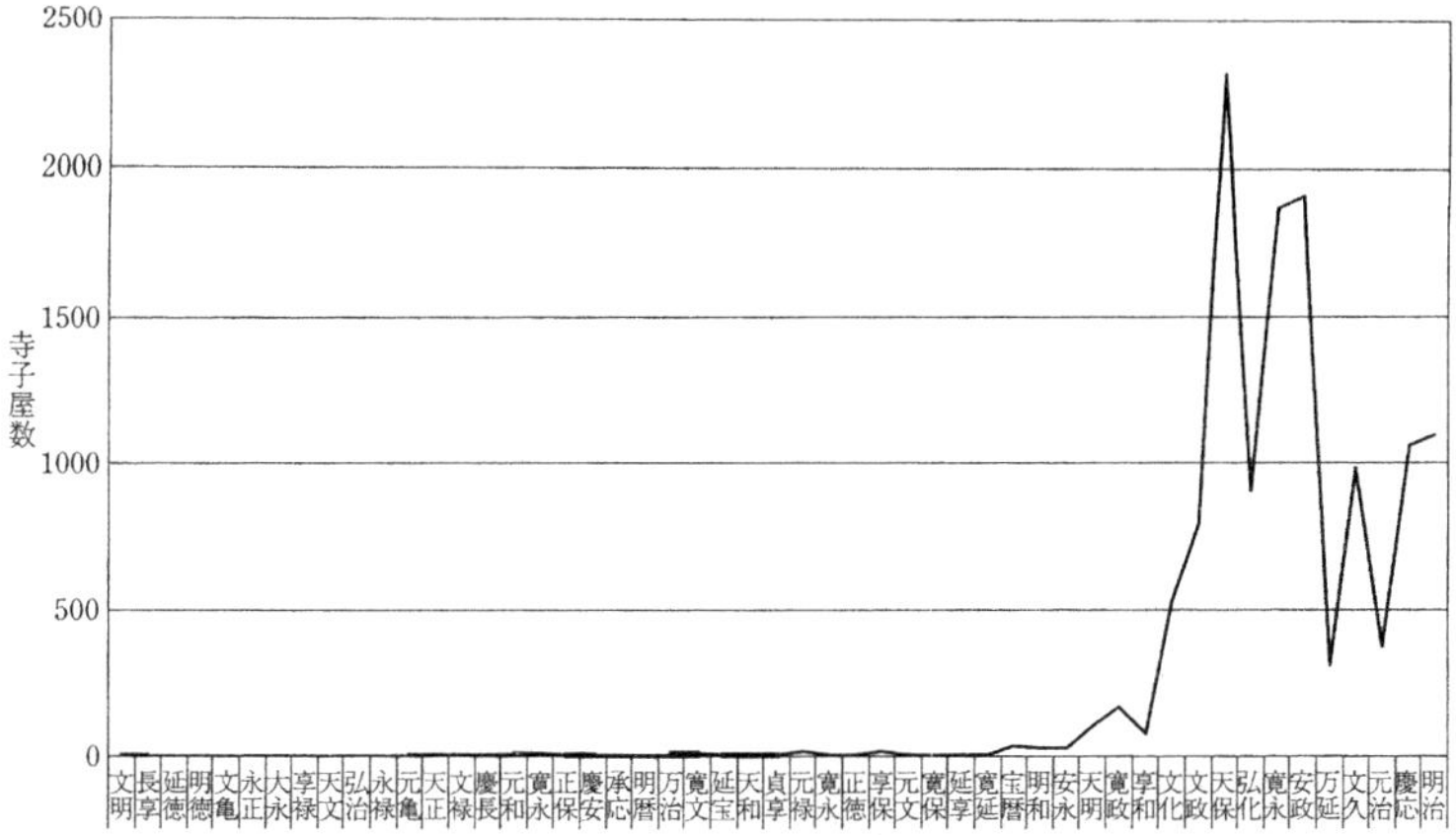

図10　全国寺子屋創立年代（乙竹640-641頁付図より作成）

図10は、乙竹岩蔵による全国の寺子屋数の増減をまとめたものである。図10から明らかなように、寺子屋の数は明和・安永期から漸増し、天明・寛政期に飛躍的に増加し、文化・文政期に激増し、天保から幕末にかけて頂点を迎える。一七世紀以降、民衆の識字率が向上し、寺子屋が激増していく一九世紀にかけて、読み書きができる層が飛躍的に増大していく。

一方、出版文化に目を転じると、一八世紀中期頃から出版量が急激に増加していき、家相判断が流行する化政期は、文化の大衆化が進んだ時代であることを先述した。

歌舞伎研究者の服部幸雄は江戸都市文化を四期に分類しており、第一期を元禄文化、第二期を天明文化、第三期を化政文化、第四期を嘉永文化と論じている。さらに服部は、第二期と第三期の分水嶺である寛政・享和期（一七八九〜一八〇四）を境に、それ以前の文化が変化したことを指摘している。神田由築は服部の論を踏まえて、「『文化の大衆化』の実像は、たとえば化政文化なりの静態的な局面に見えるのではなく、それが生成される歴史過程のダイナミズムのうちにとらえられるといわねばなるまい。その意味で、この〝分水嶺〟の時代に見られる文化の諸相こそ、『文化の大衆化』の具象である」と論じている。

まさに家相書が出版され始めるのは寛政・享和期で、最盛期を迎えるのは化政期である。家相図作成数は一八三〇年代から増加し、一八四〇年代と一八六五年代に二つのピークを迎える。すなわち、嘉永期に最初のピークを迎えるのである。すなわち、家相はまさに神田が論じるところの「文化の大衆化」の具象の一つといえるだろう。

このように家相は一八世紀末から流布したが、それは寺子屋の急増による読み書き能力を得た人々の増加、さらに出版文化の隆盛による文化の大衆化が進んだ時期とぴったりと重なる。したがって、こうした時代状況が家相書の出版、家相見の出現、家相の庶民への定着を推し進めていったと考えられる。

ところで、家相を完全に理解するには、最低限、四書五経《ししょごきょう》の学習、中でも『易経《えききょう》』の理解が必要である。なぜなら『易経』は易学、すなわち家相の理論的基盤の一つだからである。したがって、易学を理解し、さらに専門的な家相書や陰陽道書を理解する必要性がある。さらに、家相判断をするには、屋敷地の形状を正確に測量し、母屋の間取り図、母屋と付属建物の位置関係を正確に理解し図示しなければならない。つまり、家相図を作成するには、測量術と作図能力が必要とされるのである。したがって、家相判断者とは、かなり高い教養を身につけた人々だったと想像される。たしかに先に紹介した寺子屋玉松堂師匠の植田養山などは地域の教養人と位置づけることができる。それでは、近世における家相の実態はどうだったのだろうか。

家相判断の対象と家相諸派

家相判断の対象とその実態

家相という言葉はよく知られた言葉であるが、その具体的な内容を整理しておこう。家相とは風水の陽宅風水における住宅風水のことである。住宅風水は大きく分けて、住宅／家相と、宅地／地相の二つから構成される。風水説では宅地、つまり地相が非常に重視される。日本本土では家相と地相は本来は別のものであるが、しばしば混同される。そこで、判断の対象とされる諸事項をみていこう。

地　相　地相では、道路など周囲の環境、宅地の形状や土地の高低が問題とされる。たとえば、三叉路にある宅地は周囲を道路に囲まれるわけであるから、三角形になるが、こうした形状の宅地は三角屋敷と呼ばれ好まれない。また、宅地は完全な四角形のことはほとんどなく、東西が長かったり、あるいは北側が欠けているなどさまざまな形状をしている。地相では、こうした宅地の形状を対象とし、その吉凶を問題としており、陰陽道書では図11に示したように数多くの屋敷地の形状が掲載されている。ただし、風水で重視する地脈など気の流れは全く考慮されない点が特筆される。先に紹介した松浦東鶏・琴鶴らが著した家相書では、冒頭部分で地脈と土地の気の流れについてごく簡単に触れられているだけで、具体的には全く問題とされていない。

家屋の形状と付属建物・屋外施設

家相で、まず問題とされるのは本宅の形状である。家屋の形は真四角であることはまずない。どこかが出っ張っていたり、逆にへこんでいる部分もある。そうした家屋の形状を対象とした吉凶判断が行われる。先の地脈とは異なり、松浦東鶏・琴鶴らの著書では、家屋の形状の吉凶について図版を示しながら詳細に論じられており、その著書の多くの紙幅を占めている。ただし、判断対象となるのは、あくまでも平面の形状であり、建物本体の高さや、高い部分と低い部分など垂直方向の凹凸は問題視されない。

次に判断対象とされるのが、蔵・納屋《なや》・隠居屋《いんきよや》・茶室など、本宅以外の付属建物である。まずこれらの付属建物自体の規模と方位が判断対象となる。さらに、本宅との位置関係、本宅の高さなどが判断対象とされる。一般的に付属建物を本宅よりも南に建てたり、本宅よりも高く建てることは避けられている。

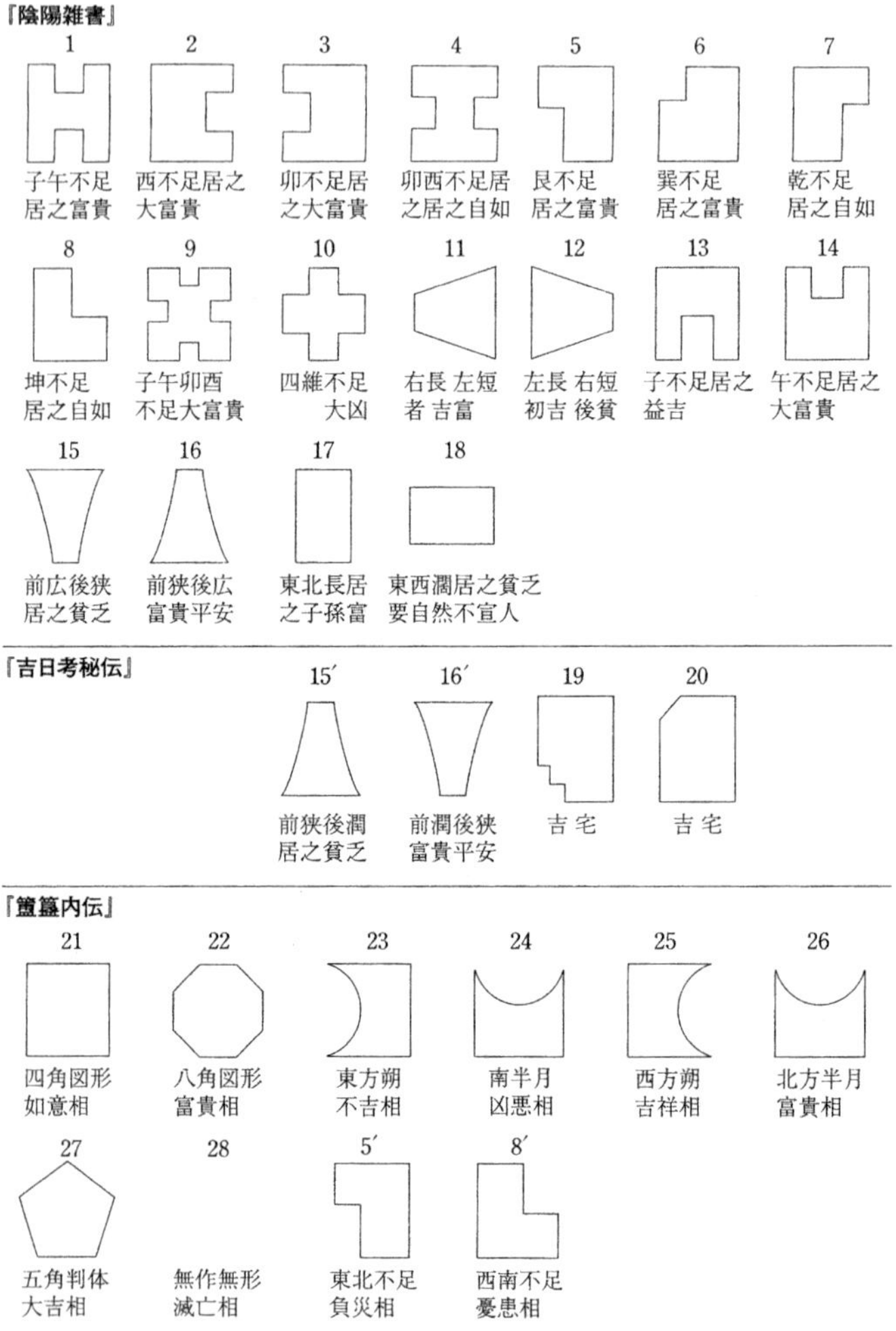

図11　陰陽道書に掲載されている屋敷地形状の吉凶

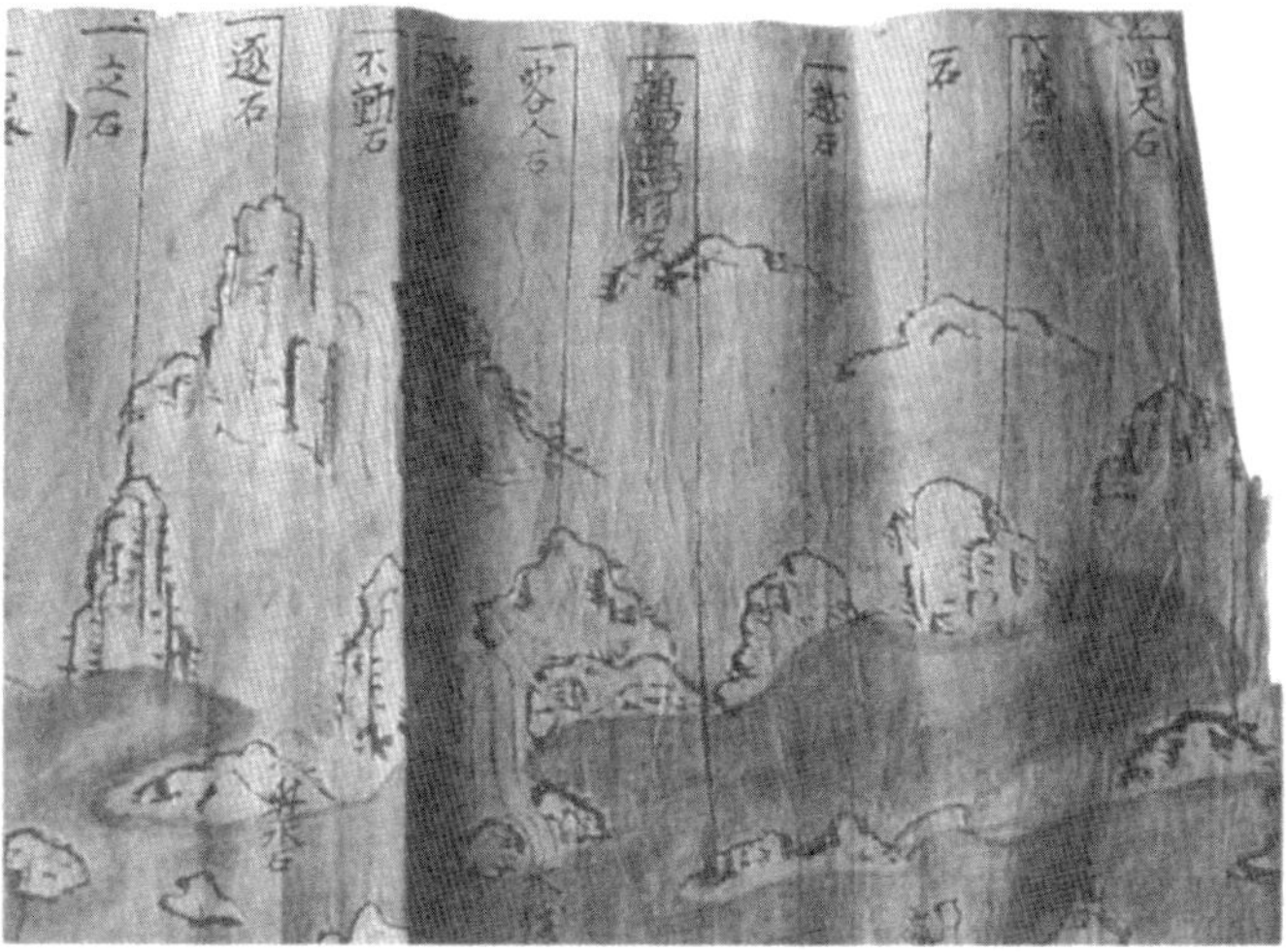

図12 「泉水之次第」

さらに屋外にある施設が判断対象となる。門戸は戸が開く方位と母屋との位置関係が判断対象となる。屋敷神など屋敷地に祀られている小祠は、その方位と規模が判断対象となる。井戸・手水鉢《ちょうずばち》・水溜《みずたまり》など水に関係する施設は、設置されている場所の方位と構造が、庭がある場合は池・泉・庭石・灯《とう》籠《ろう》・飛石の配置が判断対象となる。福島県南会津《みなみあいづ》郡只見《ただみ》町・大沼《おおぬま》郡金山《かなやま》町では「泉水之次第」という造園関係の文書が残されているが、そこには土地の形状の吉凶や図12のように石の配置次第が記されている。そして、屋敷地内に植えられている樹木も、樹木の種類、植えられる位置が問題となる。

室内設備

地相・家屋の形状と付属建物・屋外施設などの判断の次に対象となるのは、本宅の室内設備である。玄関・台所・便所・浴室は方位、竈《かまど》・神棚・仏壇は方位だけでなく設置する向きと相互の位置関係が判断対象となる。階段や梯子《はしご》は向き、格子《こうし》・窓・天窓・コタツ・囲炉裏《いろり》は設置する位置が問題となる。さらに、畳の敷き方や枚数も判断対象とされるが、家相流派により重視する流派と全く考慮しない流派もある。

以上が、家相で判断対象とされる物である。ここで指摘しておきたいのは、判断対象となる物がまさに「物」そのものであり、その設置場所が問題とされている点である。神仏や霊など不可視なものではなく、お祓いや祈禱など一切宗教的な匂いがない点である。この点については後述したい。

暦判断

毎年、年末になるとかつては暦を入手し、日々の生活を送る上での吉日、凶日を調べるものであった。今日でも結婚式は大安を選び仏滅を避けたり、葬式では友引を避けるというのも暦の民俗である。新年を迎えるにあたり、暦を見てその年の吉方位とされる恵方《えほう》を知り、そこに歳徳棚《としとくだな》を設けるという民俗があった。熊本県山鹿《やまが》市のあるお宅では、天井から吊り下げられた恵方棚があり、暦を見て回転させて恵方に向けて一年を過ごしたという。

先に家相で判断対象とされる物を概観したが、実際に家相判断が行われる際には、こうしたいわゆる暦判断というものが加わる。大別すると、家相は、およそ次の四つの観点から判断された。

①時間の吉凶……建築工事、月日の吉凶など
②時間と連動する方位の吉凶……金神《こんじん》・土公神《どこうじん》や年回りの吉凶など
③固定化された方位の吉凶……鬼門《きもん》、住居の吉凶など
④個人の生年に規定される時間と方位の吉凶……本命星《ほんみようしよう》など

①は地鎮祭や上棟式を行う際に考慮されるもので、大安吉日が好まれる。また、三隣亡《さんりんぼう》の日に上棟式を行うと向こう三軒両隣の家が不幸になるという凶日で嫌われている。

②に該当するのは二つある。一つは暦に記されている金神や土公神など、ある一定期間、特定の方位にいる神で、その方位を犯すと祟るという神である。もう一つは暦に記されている方位で暗剣殺《あんけんさつ》・五黄殺《ごおうさつ》などその方位を犯すと、これまた祟るという方位である。

③は鬼門や先に紹介したような家相書に記されている家相の判断対象となるものである。これまで見てきた①〜③は万人に共通する時間と方位の吉凶である。それに対して、④は個人の生まれ年によって規定される本命星や五行《ごきよう》であり、万人に共通するものではない点が特筆される。

それでは、実際に家相判断を行う際にどこまで考慮されて判断されたのだろうか。それ

を知る好個の史料が家相図である。

家相図には、方位の基準点、縮尺と二四方位、生年月日の有無、家族の記載範囲、本命星と五行の有無、方位の吉凶の有無、年回りの吉凶などが記されている。この中で、④を割り出すために必要な情報は、生年月日の有無、家族の記載範囲、本命星と五行の有無、方位の吉凶の有無である。次に私が収集した約三〇〇図の家相図の分析から、家相判断の実態に迫っていきたいと思う。ただし、建築学では家相図を間取りの変遷を知るための史料として扱うことが多い。このため、多くの民家報告書などでは家相図全体が掲載されている場合もあるが、本宅のみ掲載されている場合が多く、縮尺・二四方位・生年月日の有無・家族の記載範囲・本命星と五行の有無などの情報が不明なものが多いことを断っておきたい。また、基本的には百分比で割合を示していくが、実数で示す場合もある。これは少数ではあるが、特殊な事例を示したいからである。

基準点の設定法

家相判断をするためには、まず家屋の中心を設定しなければならない。言うまでもなく、判断基準となる基準点の設定場所によって方位は変化するから、吉凶判断も異なったものとなる。そのため、基準点の設定方法はきわめて重要であり、その設定方法の相違が、多くの流派を生み出す最大の要因となったことは先述の通りである。また、私はフィールドで数多くの家相見から話を聞いたが、家相見たちは

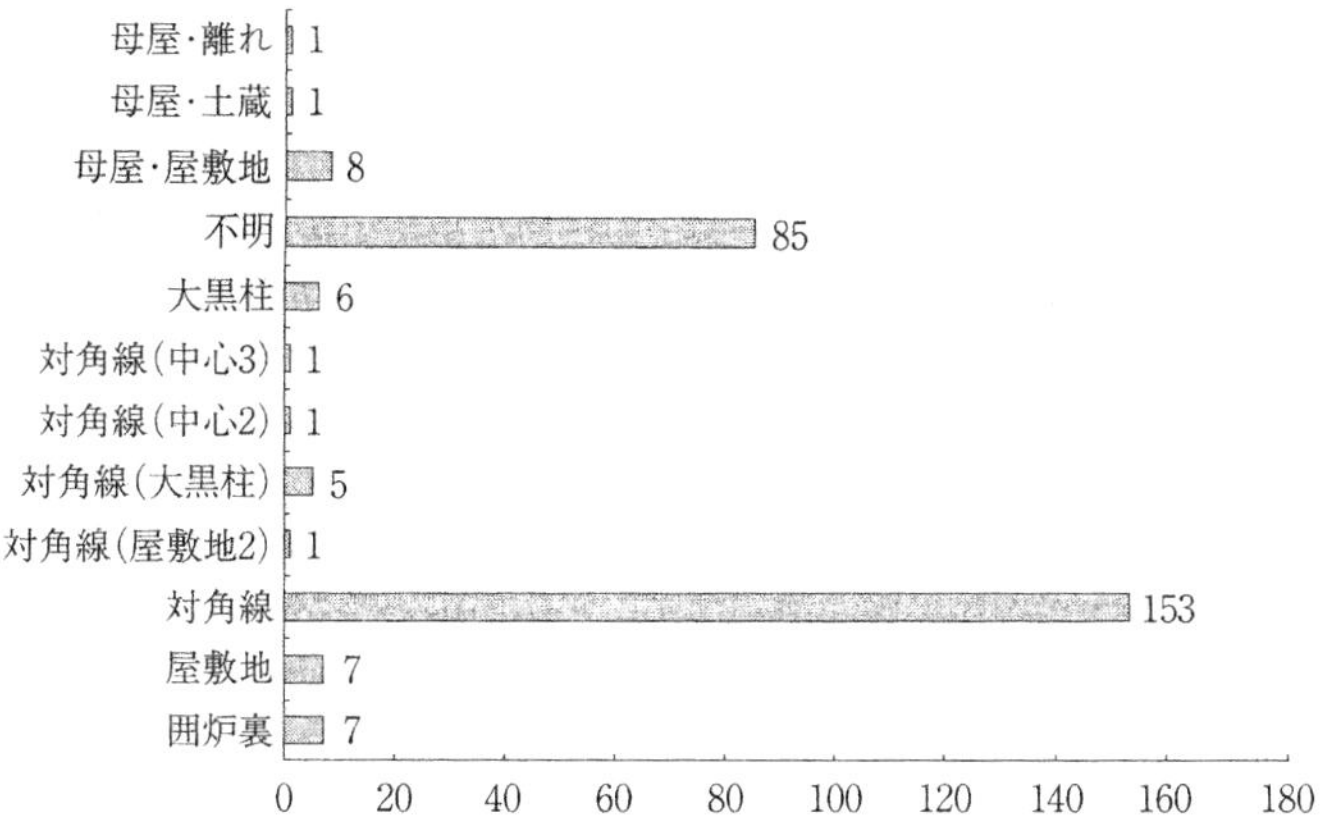

図13　中心の設定方法の類型

一人残らず、家の中心を設定することができるようになれば、一人前であると述べている。

さて、「家の中心がどこであるか？」だが、「一家の大黒柱」という口碑に代表されるように、大黒柱であるとする話をよく耳にする。また「床柱」「囲炉裏」「神棚」が家の中心であるという話も耳にする。

では、収集した家相図で採用されている基準点の設定方法はどのような結果となっただろうか。図13に示したように母屋の対角線の交差点を基準点として割り出したものが一五三件と圧倒的に多い。次に多いのが母屋と屋敷地の二つの中心点で八件、つづいて囲炉裏が七件、屋敷地が七件、そして大黒柱が六件である。

以上のように、家相図における方位の基準点は、母屋の対角線の交差点とすることがほとんどであることが判明した。その一方で、囲炉裏や大黒柱を家の中心であるとする事例は家相図では希《まれ》であることが明らかとなった。

縮尺と二四方位

一軒の家の宅地から家屋までを測量して図示したのが家相図である。当然ながら、縮尺して図示する必要がある。二七六件中、縮尺を一〇〇分の一とするものが七五件、五〇分の一とするものが八件、二〇〇分の一・三〇分の一・八分の一・着物を製作する時に使われる物差しである呉服尺《ごふくじゃく》が一件、不明なものが一八九件という結果となった。不明が極めて多いが、これは先に述べた史料的限界によるものである。

方位であるが、七三%までが二四方位で作成されている。二四方位なしと分類した二四%は、家屋の部分のみ掲載のため、二四方位かどうか確認できなかったものである。

方位の吉凶

方位の吉凶が記されているのは三二%、記載がないのは六八%である。家相図というと方位の吉凶が記されているという印象があるが、意外なことに記載があるのは少数なのである。その理由は後述する。

ここまでは万人共通する情報である。次に個人の生年によって規定される要素をみていきたい。

個人の生年に規定される要素

本命星や五行などは個人の生年により規定される。したがって、生年月日の情報が必要である。生年月日が記載されている家相図は一五％、記載がないのは四四％、不明なのが四一％である。不明なものを除いて考えてみると、記載があるものはないものの三分の一に過ぎない。ということは、個人の生年によって規定される情報を家相図に記載したものは少ないのかもしれない。では、生年月日が記載された家相図で、本命星と五行が記載されたものはどのくらいあるのだろうか。

本命星が記されている家相図は二〇％、記載がないものは八〇％と二割の家相図にしか本命星は記載されていない。

五行まで記されている家相図はさらに少なく、記載があるのが一一％、なしが八九％である。つまり、生年月日が記された家相図で本命星・五行とも記載されているのは、実に一割に過ぎないのである。先の④個人の生年に規定される時間と方位の吉凶まで家相判断することは珍しいといえる。

次に年回りの吉凶まで記載されている家相図について検討しよう。年回りの吉凶が記載されているのは一四％、なしが八六％である。先の②時間と連動する方位の吉凶まで記載されている家相図もまたごく少数である。それでは、どうして少ないのだろうか。

過剰なデータ・必要最低限のデータ

今日の私たちは家屋というものは新築してしまえば、よほどのことがない限り増築したり、改築したりすることはないと思うだろう。

昨今、自宅のリフォームが話題となっているが、それとて生涯に一回あるいは二回程度のものである。しかし、フィールドワークで家屋の来歴などを調査すると、実に驚くほど増改築が繰り返されているのである。さらに、茨城県桜川《さくらがわ》市真壁《まかべ》町で調査した際には、別の場所に建てられていた門や書院はもとより本宅までが、売買、あるいは何らかの事情で譲渡され、元建っていた場所から移動して、現在の場所に建てられていた。つまり、建築物は増改築を繰り返すものであり、動くのである。

たしかに年回りの吉凶が記されていれば、家相判断をする際に詳細な情報を得ることができる。しかし、年回りの吉凶に関する情報は、当たり前であるが、その年一年間有効な情報である。言い換えれば、翌年には使えない情報である。翌年には、家相図に記載された年回りの吉凶の情報は無駄になるのである。もし、将来の増改築を考えて、家相図を長期的に使おうと思うのならば、不要な情報が多いといえよう。

本命星や五行についても同様のことが指摘できる。すなわち、これらの情報は個人情報であるから、その人の代には有効であるが、代替わりすると不要な情報になる。と言うことは、一見すると年回りの吉凶や本命星・五行という個人情報が網羅された図14のような

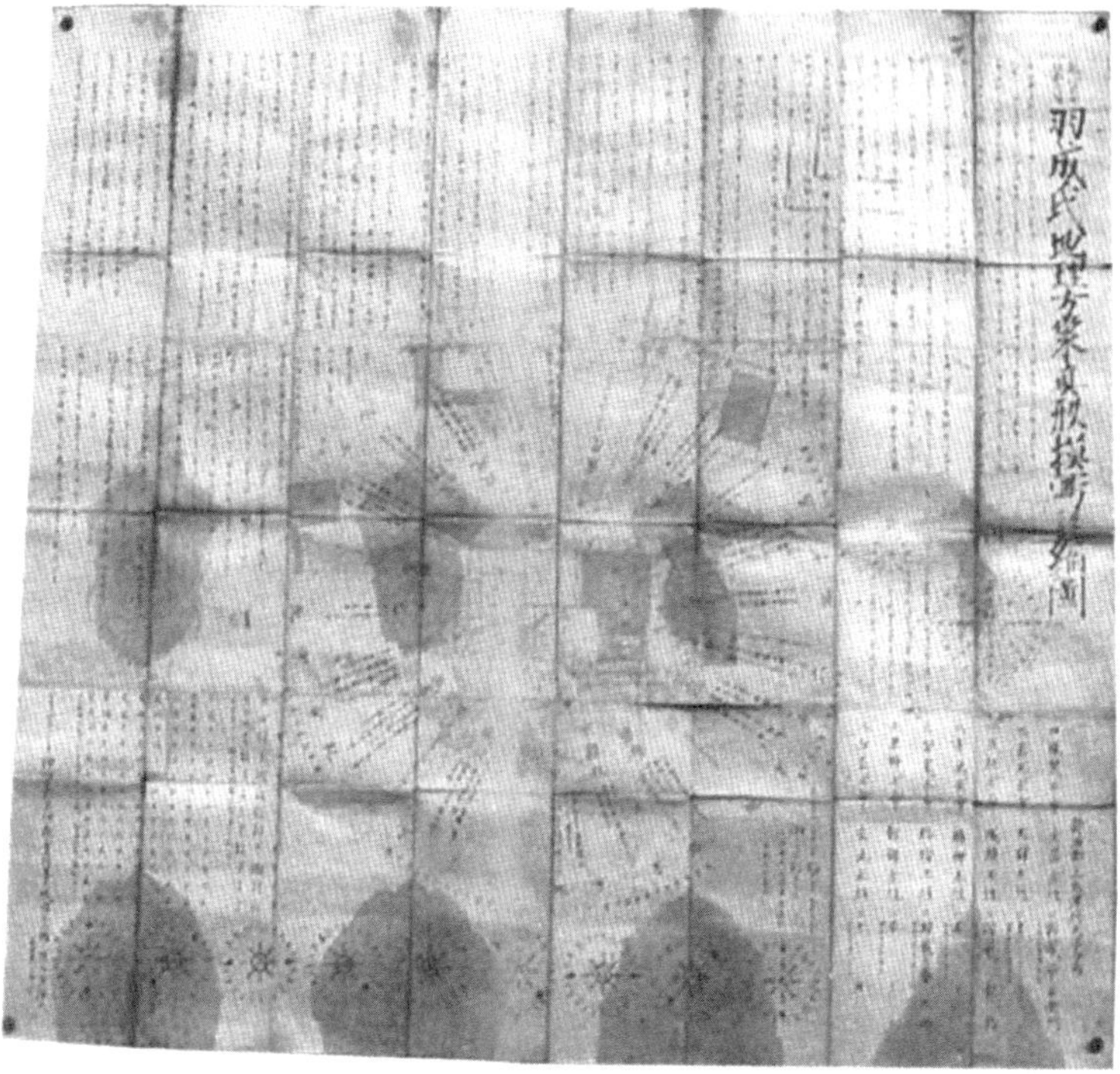

図14　年回りの吉凶が記された家相図

家相図の方が詳細な情報が盛り込まれた図という印象を持つが、長期的な使用を考えるならば不要な情報が多い家相図なのである。

年回りの吉凶が記載されている図が一四%に対して、方位の吉凶が記載された図は三二%と多い。方位の吉凶は万人に共通し、さらに年が変わっても有効な情報である。したがって、増改築しない限りは有効な情報である。したがって、代々家相図として使用するには、方位の吉凶の情報のみが記載されていた方が有効なのである。

さらにいえば、詳細は後述するが、家相判断は基準点の設定方法が同じでも判断者によって解釈が異なることもある。また、増改築時にも家相図として使用したいのであれば、増改築時に別途、年回りの吉凶を判断してもらった方がよい。したがって、一見するとシンプルであるが、方位を判断する基準点・二四方位・縮尺のみが記された家相図の方が、より長期的に使用することができるのである。だからこそ、六八%もの家相図に方位の吉凶すら記されていなかったと考える。

家相諸派を生んだ要因

神谷古暦、松浦両派など数多くの家相流派が存在する。では、なぜ、数多くの流派が誕生したのだろうか。その要因は次の四点である。

判断方法の相違

①家相判断の方法の相違
②住宅の中心の設定方法の相違
③住宅、宅地の凹凸部分の処理の相違
④吉凶判断の相違

東鶏が干支方鑑、琴鶴が九星方鑑を主張したことに代表されるように、①の判断方法が異なれば自ずと判断結果は異なる。

②方位の中心設定方法も、たとえば、母屋に厩が付設されたL字型の曲屋《まがりや》を例にすれ

ば、母屋の四隅からの対角線で設定するのと、厩を含めた場合では中心点が異なってくる。中心点が異なれば、方位判断の結果も異なる。

③についても、住居の凹凸を無視した場合と、細かく凹凸を考えた場合も、その形状に関する解釈、中心の設定法など、その判断結果は異なる。

④であるが、そもそも吉凶とは曖昧な概念である。ある方位が火に関しては凶という判断がなされたとしても、火が凶だから何も建てないという解釈、あるいは水は火を押さえると考え水場を設けるという解釈もある。つまり、吉凶はいくらでも解釈が可能なのである。この点が家相は見る人によって異なる、あるいは当てにならないと考えられる要因である。

同一流派で判断の相違は？

では、もう少し具体的に検討していこう。近世を代表する家相見である松浦東鶏と松浦琴鶴、琴鶴の弟子である尾島碩聞の著書の中で、竈、浴室、便所がどのように判断されているのか具体的に検討する（松浦東鶏『図説教授　家相大全』、松浦琴鶴『家相秘伝集』、尾島碩聞『家相新編』）。

まず流派が異なる者同士で判断対象や解釈が異なるのか、東鶏と琴鶴を比較する。さらに、同一流派内で異なるのか、琴鶴とその弟子尾島碩聞を検討する。

表14　家相書に記載されている竈の家相の判断項目

	竈の向方の吉凶	竈の火口数の吉凶	竈の火口の向の吉凶,数の吉凶	竈と棟梁の位置関係	竈向合う	竈と井戸向合う	仏壇と竈軒下
家相大全	○	○	×	×	×	×	×
家相秘伝集	○	○	○	○	○	○	○
家相新編	○	×	×	×	×	×	×

竈の吉凶

表14は竈の判断項目をまとめたものである。表14にあるように七項目の判断項目で、三書に共通するのは「竈の向方の吉凶」のみである。また、琴鶴派という同一門下でも共通する判断項目は「竈の向方の吉凶」のみであり、意外なことに同一流派でも師匠と弟子では判断項目が全く異なるのである。さらに皮肉なことに、別流派である東鶏と尾島碩聞は七項目中五項目が一致しているのである。

次に竈の吉凶判断について検討しよう。

竈の吉凶を判断するための項目は『家相秘伝集』では七項目が挙げられているのに対して、『家相大全』は二項目しかない。三書に共通するのは「竈の向方の吉凶」のみである。また驚くべきことに琴鶴と弟子の尾島碩聞で共通する項目は一項目に過ぎない。このように竈の吉凶だけでも三書によって判断項目が全く異なるのである。

では、三書が共通して判断項目としている「竈の向方の吉凶」の吉凶判断をまとめたものが次の表15である。

表15のように三書に共通して吉なのは南東のみである。東鶏と琴

表15　家相書に記載されている竈の向方の吉凶

	北	北東(艮)	東	南東(巽)	南	南西(坤)	西	北西(乾)
家相大全	口舌争事不絶亦婦女小障禍あり	大小悪し	吉	吉	宣なり	嫌ふ	口舌争事不絶亦婦女小障禍あり	米銭失墜多き事
家相秘伝集	—	中央大吉	—	四方の正当を除いて吉	—	中央大吉	—	四方の正当を除いて吉
家相新編	—	—	吉	吉	—	—	—	—

鶴の解釈が正反対なのは北東、南西、北西である。北東を東鶏は「大小悪し」と凶と判断しているのに対して、琴鶴は「中央大吉」と吉と判断している。また、南西を東鶏は「嫌ふ」と凶と判断しているのに対して、琴鶴は「中央大吉」と吉と判断している。さらに、北西を東鶏は「米銭失墜多き事」と凶と判断しているのに対して、琴鶴は「四方の正当を除いて吉」と判断している。

また、尾島碩聞は『家相新編』の中で、「竈ハ井水ニ次テ吾人生活ノ最要具ナレバ最モ清浄ノ所ヲ撰ミ八干二支ノ位ニ備フベシ其向東特ニ辰巳ヲ以テ吉トス」と、八干二支という独自の方位観を掲げている。八干とは甲乙丙丁庚辛壬癸、二支とは巳亥を指す。つまり、基準となる方位に対する考え方が、東鶏とも師匠の琴鶴とも異なっているのである。

風呂の吉凶

次に浴室を検討しよう。いうまでもないが、尾島碩聞は八干二支の方位は無難であると述べている。表16のように三書で家相判断が共通しているのは北東向きと南西向きの風呂は凶とされている点である。北向きは『家相大全』が「吉凶判断交交」と吉凶どちらにも判断できるとしているのに対して、『家相秘伝集』は凶と断じている。北西向きの風呂は『家相大全』が「不吉」と判断しているのに対して、『家相秘伝集』は「妨げなし」とあり、両者の家相判断は正反対である。

『家相秘伝集』には「浴室ハ膩《じ》垢《こう》臭《しゅう》穢《え》ヲ洗浴スル故、最モ不浄ノ所トス。且ツ常ニ濁湿ノ気ヲ止ムルヲ以テ、坤艮《こんこん》ノ陰位ニ構エアルコト別シテ凶ナリ。種々災害アリテ家運傾廃スルコトヲ司ル。余ハ乾巽《けんそん》オヨビ東西南北ノ正当ヲ除キ置クモノ、トモニ妨ゲナシトス」とある。『家相新編』には「浴室ハ膩垢臭穢ヲ洗除スル所ニシテ常ニ濁湿ノ気ヲ止ム故ニ坤艮ニ宮ニ位スレバ甚ダ凶ナリトス八干二支ノ位ニ備フレバ妨ニシト雖モ常ニ陰湮《いんいん》ヲ避ケテ清潔ナラシムベシ」とあり、冒頭部分は師匠の琴鶴の文章と非常に似ているが、結論は異なっている。

以上のように、風呂の家相判断は北東と南西向きを凶とすることでは三書とも一致するが、それ以外には共通性は認められない。

表16　家相書に記載されている風呂の向方の吉凶

	北	北東(艮)	東	南東(巽)	南	南西(坤)	西	北西(乾)
家相大全	吉凶判断交交	凶	些か不祥	宜し	凶　眼病 宅主心労	悪し	吉凶両断 左右に退き佳し	不吉
家相秘伝集	凶	凶　災害 家運傾廃	凶	妨げなし	凶	凶　災害 家運傾廃	凶	妨げなし
家相新編		凶				凶		

表17　家相書に記載されている便所の向方の吉凶

	北	北東(艮)	東	南東(巽)	南	南西(坤)	西	北西(乾)
家相大全	不祥	大凶相 往々禍害	不祥	宜し	不祥	家人下部に冷感を含む病 痔　凶相	不祥	目上の人に心労 福分に障り
家相秘伝集	大凶	家業妨げ　病災 養子相続	大凶	妨げなし	大凶	家業妨げ　病災 養子相続	大凶	妨げなし
家相新編		凶　疾病、家運下がる				凶　疾病、家運下がる		

便所の吉凶

表17のように三書とも北東と南西向きの便所を凶としている点は一致している。ただし、凶の内容が北東向きの便所を『家相秘伝集』では「家業妨げ　病災　養子相続」、『家相新編』では「凶　疾病、家運下がる」と具体的に論じている。南西向きの便所は、『家相大全』では「家人下部に冷感を含む病　痔　凶相」、『家相秘伝

集』では「家業妨げ　病災　養子相続」、『家相新編』では「凶　疾病、家運下がる」と凶の内容が異なる。

北西向きの便所は、『家相大全』では「目上ノ人ニ対シテ心労ヲ抱クコト多ク、或イハ福分ニ障リアルベキノ意味ヲ兼ネルノ構ナリ」とあまりいい家相ではないと判断しているのに対して、『家相秘伝集』では「妨げなし」と問題視していない。

他の方位では北向きの便所を『家相大全』が「不祥」、『家相秘伝集』が「大凶」と判断されているようにほぼ一致する。

便所の項目で特筆されるのは、東鶏が以下のように、北向きの便所を嫌うという民間の便所の民俗を批判している点である。

ついでに述ぶ。世間北向きの厠《かわや》を忌み嫌う輩あり。或いは曰く、もしこれを北向きに構えるときは、厠を譲り賜う烏瑟沙摩《うすさま》明王《みょうおう》の利生験崇《りしょうけんすう》なる故に、用いること丁寧ならざれば、たちまち崇害《すうがい》を蒙るなり。これに依りて、常人は北向きの厠を忌むと。また俗中の言い習わしに、北向きの厠を用いゆれば、親族断縁に及ぶなどといえり。これらは取るに足らざるの雑説なり。また一説にいう、およそ住居中、厠は陰の縮まりなり。然るを北、陰に向かえて構えること、陰気至極《いんきしごく》するの象にして、陰気孤旺《こおう》する時は、殺気を生じ万物を損なう故に、右の厠を用いる者、陰旺の気を受けて禍ありといえり。

余、案じるに住地中、厠を以て極陰の場とすといえども、およそ穀物菜品人生を養うの用をなしおおせ、既に糞所に落ちるに至っては、陰に帰し、縮まりてたちまち陽気を発するの意味あり。例えば極陰の十月に陽月の名あるが如し。かつまた北の方に北陰の唱えあるは、南陽に対して水火の性を分かつのいいなり。

強に北は陰の方なりとのみ心得べからず。既に子は一陽来復の場なり。尚和漢とも、北向きの厠を忌むの説、古書に見えず。右の理前を熟察して、北向きの厠を忌むことなかれ。最も正北の地に厠を構えることは忌むべし。これ坎《かん》の方、陽気逃しはじめるの地に、万物の終わりに属す厠ありて、不浄を犯すを厭うの理あればなり。

世間で、北向きの便所は親類との付き合いが断絶してしまう、北の便所は陰が強すぎ万物を損なうという説があるが、東鶏は和漢の古書にも掲載されていないことなどからこれを否定する。

以上のように、便所の家相判断もまた北東と南西向きを凶とすることでは三書とも一致するが、北西向きの便所は判断が異なっている。

これまで竈・風呂・便所という住宅には必要不可欠な設備の家相について、松浦東鶏『図説教授　家相大全』、松浦琴鶴『家相秘伝集』、尾島碩聞『家相新編』の三書を検討した。その結果、三書とも判断が共通するものもあれば、解釈が正反対のものものもあった。東鶏と琴鶴という流派による相違もあるが、同一流派である琴鶴と尾島の間でも相違が存在する。すなわち、同一流派でも家相判断が異なるのである。

家相というと体系的な知識体系が存在するという印象があるが、流派によって判断項目・解釈は異なり、また、同一流派内でも異なるのである。すなわち、家相とは相対的なものなのである。この点が家相は見る人によって異なる、あるいは当てにならないと考えられる要因である。だからこそ、数多くの流派が誕生したのであり、今日においても数多くの家相書が出版されているのである。では、そうした状況の中で人々は暮らしの安寧を求めるために、どのように家相と付き合ってきたのだろうか。

近世の家相

家相の流行以前

家相書の出版状況と家相図の作成年代の検討から、一八世紀末頃から家相は庶民の間まで流布したことが明らかになった。さて、これまで扱った史料は家相書・家相図という、家相の専門家が残したものである。換言すると家相を信じ実践していた人々が残した史料である。今日では、家相は迷信視されるが、はたして同時代の人々はどのように家相を捉えていたのだろうか。まずは、家相が流行する以前の状況についてみていこう。

『町人嚢』　西川如見《じょけん》（一六四八～一七二四）は、渋川春海《はるみ》とならぶ元禄・正徳期を代表する天文学者である。元禄八年（一六九五）に『華夷通商考《かいつうしょうこう》』を著すなど中国をはじめ、諸外国の事情に明るかった。西川が著した『町人嚢《ちょうにんぶくろ》』は、享保三年（一七一八）に刊行され版を重ねた。

或人のいへるは、〝町人などは先祖の墓地など余りに択びては無用の事也。〟唐土にて父母先祖の墓地風水悪き時は、其子孫に妨《さまたげ》あり、風水よき時は其子孫繁栄すといひて、其吉凶を選ぶ事也。上代にはなき事也。聖賢の風水を選び給ふ事は、子孫栄久のねがひにはあらず、唯《ただ》末代に至りて田地などにならぬ所の、湿気なき堅固なる地を考へ選びて葬り給ふ也。父母先祖の死体の速かに腐損じなん事を痛て、孝心の誠を用給ふ也。子孫の富貴《ふうき》を求め給ふにはあらず。此故に宋朝の儒者達、風水の吉凶を選ぶ事を謗《そし》り置給ひし事、書に見えたり。子孫の盛衰禍福は、葬地風水の善悪によるべき道理なし。日本の天子、摂家の御廟地、尽《ことごと》く風水宜しきにも有べからず。されど御子孫今なを絶給はず。又父母先祖の死体朽損ぜすして全き時は、其子孫幸ひを受、死体全からざれば子孫妨ありといはゞ日本の武士軍陣にて討死して首を敵にとられ、死骸は野に腐失、又は水中に没し、或は火葬して骨まで焼損じたる人の子孫は尽く貧窮にして禍を受べき事なれども、曾《かつ》てさもなき事はいかにぞや。兎角《とかく》人の禍福は、先祖の葬地の吉凶にはよらざる物也と知るべし。（『日本思想史大系』五九）

同書では中国の風水が紹介されているが、それは住宅風水ではなく墓地風水である。中国では子孫の富貴を求めるために、墓地風水の吉凶を選ぶことが紹介されているが、聖賢が風水を選ぶのは父母先祖に対する孝心の誠であることを述べ、子孫の吉凶禍福は墓地風水によるものではないと批判している。さらに、日本の天皇、摂関家、武士の墓地は風水が良いわけではないが、子孫が繁栄していることに言及して、墓地風水の無効性を論じている。

『過庭起談』

原双桂《そうけい》（一七一八～六七）は、古河藩《こが》の儒医《じゅい》で伊藤仁斎《じんさい》学派の儒学者である。『過庭起談《かていきだん》』は、彼の死後天保五年（一八三四）に刊行された。「葬師風水説」で風水説批判が行われている。

堪輿《かんよ》家の説は、古の陰陽家者流ニ本ヅキテ古キ事ナレドモ、葬師・宅兆・風水ノ説ニ、凡《およ》ソ子孫血脈ノ者ノ寿夭《じゅよう》・禍福・窮達《きゅうたつ》・賢愚、皆其先祖祖母ノ葬理ノ地ノ美悪ニ因リテ分ルルコトナリト云。術ハ晋ノ郭璞《かくはく》ガ葬書二十篇ヨリ起リ、後人又是レニ増スニ謬《びゅう》妄《もう》ノ説ヲ以テセルコトニテ埒《らち》モ無キコトナルニ、朱子ノ友蔡元定《さいげんてい》ナド、其説を信ジテ其書ヲ校定セリ。（略）幸ニシテ本邦ニハ其術ヲ唱ルモノ今マデハ無キ故ニ、世上庸碌《ようろく》ノ俗人気ノ付クモノモ無ク、迷フ人モ無シ。幸ナル哉《かな》、シラヌガ仏トハ此事ナリ。

（『日本随筆大成』一期九巻）

原は堪輿家の説が、日本にも古くから存在していたと認め、宅兆・風水の説は晋代の郭璞の『葬書』に依拠し、さまざまな謬妄の説が生み出されているが、埒もない末術であること、「幸ニシテ本邦ニハ其術ヲ唱ルモノ今マデハ無キ故ニ、世上庸碌ノ俗人気ノ付クモノモ無ク、迷フ人モ無シ。幸ナル哉、シラヌガ仏トハ此事ナリ」と日本ではそうした術を主張・実践している者がなく迷う人もいないことを述べている。

『過庭起談』の「知らぬが仏なり」という言葉が象徴しているように、一八世紀中頃までは知識人は風水を知っていたが、庶民の間にまでは流布していなかった。ところが、一八世紀末になると状況は変化する。まずは、家相が流行し始めた直後の上方《かみがた》の状況からみていこう。

上方における家相の流行

新井白蛾《はくが》は正徳五年（一七一五）生まれの漢学者で、易学に精通し儒学の中心に易学をおくという立場から、易学者としても世に認められ著作も多い。

『闇の曙』

『闇の曙《やみのあけぼの》』は寛政元年（一七八九）に出版された。時期的には大江桐陽《とうよう》が『家相口訣《くけつ》』を著した天明二年（一七八二）から七年後であり、家相書が出版され始めた時期の上方の様子を伝えている。その内容は、巷で流行している家相、人相、墨色、金神、神仏の祟りなどについて、世の惑いを解こうとしたものである。

○或人問て曰、近き比《ころ》さる所に、蔵をこぼちて座敷を建ければ、愚盲なる陰陽者の様なるもののいふには、蔵は土を主として家は木を主とす。しかれば木剋土の剋にあたりて、主人に祟りてのしさといふ。此義いかにや、予答て曰、それは能く文盲なる人にぞ聞受申べし。少しにても学問せし人などは、歯かけていふ事も恥べし。一向に取に不足事ながら、一寸弁じて見ば、先相剋する所と相違す。木は盛勢にて、土は剋を受て衰ふ時建たる家はますます盛にして蔵は剋にあたりてこぼれたるに、相応の事ならずや、家を毀《こぼち》て蔵を建たらば、木剋土の剋にてあしきともいふべし。是は取にたらぬ中の又取にたらぬ事の弁なり。右底の事をいふても間にあふべき。田舎などの地面も広く実地も有所にて、愚盲なるぢぢばばの悦《よろこぶ》べき事なり。三ヶ津などの繁盛至極の大都会にては、間に合ぬ事なり。都にては家を毀て蔵を建、または蔵を除きて家を建て、住居勝手の好やうにして住が善なり。或人又問ふて曰、居宅より戌亥《いぬい》の方に隠居屋を建るは甚だあしし、是又主人に祟るなり。それも本宅ならば宜しといふ。是又如何、予答ふ。これもまた大痴獣なり。未先天の方位、乾《けん》の父は正南に位し、坤《こん》の母は正北に位す。代を譲りて隠居するに、乾の位に離を置、坤の跡には坎《かん》を移し置て、父の乾は西北の間戌亥に隠居し、母の坤は南西の間未申《ひつじさる》に退く。是後天の易位也。即ち乾をいぬゐと訓ずるに非ずや。是も戯れにいはば本家を建るはあしけれども、隠居には善といふべしと笑ぬ。

○世間に愚俗を惑はす道具あらまし、左のごとし。

家相　人相　墨色　字画の占　金神および仏　神の祟り　剣相《けんそう》　日取星転　附物　咒《じゅ》禁《きん》　不成就日　辻占《つじうら》　死霊生霊（略）

○家相の事は、俗本の占ひ書に八卦《はっけ》蓬莱《ほうらい》抄《しょう》といふものに始て述べたり。是を種として、文盲なる者さまざま妄説を偽作して、衆俗を誑《たぶら》かし惑はす事也。家相はむつかしき事なし、住居勝手好気のぬけ過ぎぬ様に、又闇《くら》く陰の過ぎぬやうに造りて足《たる》ことなり。今家相書といふものに溺《おぼれ》たぶらかさるる事なかれ。家相を信じ、家を建直して後、間もなく売家に出したる人も多し。家相の外に風水の考へといふ者有。是も二三十年斗《ばか》り以前或人に此事を専らにいふもの有りしが、予もしる人にて、後々は我もとへも折々の訪ひ来りぬ。一日其説を段々尋ねしに、実は何もしらぬ人なり。梅花心易を覚へて、それを以て風水の事を述て人を欺きし、地理風水は地理全書といふ唐本有。それを覚へられよ。此書を見ん事を欲せば借申すべしと云て笑ひになりぬ。

（『日本随筆大成』二期二二巻）

これらの記述は新井白蛾自身が実際に体験した事実、あるいは見聞した事実などを紹介し、それがいかに愚かでいい加減なものであるか説明し、彼自身が易学的な判断と解釈を加えて家相を論じるという形がとられている。

家相を判断している人物は「陰陽者の様なるもの」という記述から、陰陽師系宗教者と推定される。その判断方法は「蔵は土を主として家は木を主とす。しかれば木剋土の剋にあたりて」とあり、陰陽道の五行相剋説《ごぎょうそうこくせつ》で判断している。しかし、易学に精通している白蛾はその解釈は誤りであると批判し、彼も五行相生《そうじょう》説で再解釈している。また、地面が広い田舎では可能だが、都会では不可能であるとも述べている。

次に戌亥の方位に隠居屋を建てることは非常に悪いと判断された人の相談が紹介される。この判断方法は、乾の方位が「いぬい」という音で、「居ぬい」に通じるという、語呂合わせの解釈であると説明し、これを易学的に否定する。そして易学的な解釈をすると先の判断と正反対の結果になると述べている。

つづいて、家相がどのような書籍を参考にしているかについての説明が続く。家相は『八卦蓬莱抄』という本が初めて説いており、これを種本として家相を説く者がおり、彼らは妄説を偽作して庶民を誑かし惑わしていると批判している。そして家相書に溺れたり家相を信じることがないようにと述べる。

さらに「家相の外に風水の考へといふ者有」と風水について触れている。このことから、寛政元年より二〇〜三〇年前には、風水という言葉が存在し、彼は家相と風水とは別のものと考えていたようである。「地理風水は地理全書といふ唐本有」から、風水書として『地理全書』という漢籍が存在していたことがわかる。

『閑窓自語』

柳原紀光《やなぎはらもとみつ》は、正二位権大納言の官位を持つ公卿である。延享三年（一七四六）に生まれ、寛政一二年（一八〇〇）に没した。『続史愚抄《ぞくしぐしょう》』八一巻の大著があり、博識で高名な公卿であった。『閑窓自語《かんそうじご》』は、寛政五年（一七九三）～寛政九年にかけて執筆された。「九二　剣相家相事」という題で、寛政頃に流行した剣相と家相についての記述がある。

ちか比《ごろ》、剣相といふ事世にはやり、ひとのもたるかたなを見て、貴卑賤貧福吉凶なとのことをいふ。またそのゝち、家相とて家のつくりかたを見て、同しく吉凶をのふ。大かたにいひあつる事もあれとも、さのみたしかならす。ふるき書に剣を相すとあるは、剣の利鈍《りどん》を見ることなり。いまよく剣のめきゝすといへるにあたれり。家相のことは、異国にては三才図会《さんさいずえ》、本朝にては吉日考秘伝《きちにちこうひでん》なとに、敷地のかたちにつき吉凶あり。あるは山にむかひ、水により、街にのそむのたくひいはれあり。いまいふ家相には、ことかはれり。いかゝはへらん。又馬牛を相する事は、深く沙汰ある事なり。

（『日本随筆大成』二期八巻）

先に紹介した『闇の曙』でも、家相とともに剣相が取り上げられている。家相書にも剣相と吉凶尺について言及しているものがあり、寛政期から家相とともに剣相が流行していた。注目すべきは、最近になって家の作り方の吉凶をいう家相が流行していると述べている点である。さらに「家相のことは、異国にては三才図会、本朝にては吉日考秘伝などに、敷地のかたちにつき吉凶あり。あるは山にむかひ、水により、街にのそむのたくひいはれあり」とあり、中国の『三才図会』と日本の『吉日考秘伝』に屋敷地の形状の吉凶について記載があることを紹介している。また「あるは山にむかひ、水により、街にのそむのたくひいはれあり」とあり、これは屋敷地の形状の吉凶と山と水の様子さらに街についてのことから、風水の地勢論について述べていると推定される。つづいて「いまいふ家相には、ことかはれり。いかゝはへらん」とある。『三才図会』や『吉日考秘伝』にある土地の形状の吉凶や地勢論と、家相とは異なったものであると述べ、風水と家相とを区別している。

『東牖子』

田宮仲宣《なかのぶ》の著書である『東牖子《とうゆうし》』は、享和元年（一八〇一）に成立した。その内容は陰陽五行論や京坂地方とその他の地方の風俗伝説、言語、文化などが書き綴られた漫録《まんろく》である。田宮は陰陽五行説にも詳しく、方位判断や家相についても第一巻、第二巻、第四巻の三ヵ所で述べている。

第一巻では、鬼門《きもん》を忌み嫌うことがいい加減なものであるか、さまざまな事例から説明されている。冒頭には「鬼門とて方を忌み、家宅を巫覡《ふげき》の徒にゆだねて、補理《ほり》変るもおかし。諸書に論じ尽したれど、予もまた思ふ処あれば爰に述ぶ」とあり、鬼門の方位を忌み嫌い「巫覡の徒」に家の間取りを決めることも頼っていると批判し、さらに他にも論じている者がいるが、自分も意見を述べたいということから、当時、鬼門が問題視されていたことがわかる。ここでいう「巫覡の徒」は陰陽師系宗教者と推定される。つづいて方位とは相対的なものであり、したがって鬼門も相対的なものであるから、忌み嫌うのはおかしいと述べている。

さらに大坂の町中などでも、鬼門除けのために丑寅《うしとら》の角をけずることが行われていることを紹介し、気持ちも分からなくないが、都市部の借宅などでは現実には難しい問題を指摘している。

さらに田宮は「いかさま家相の行はれぬ已前《いぜん》も、貧窮患難に苦むばかりもなく、家相大に行はれしより、別に家相を改正《あらため》て、巨万の福者になりたると云人の、戸口の増たるも聞えず」と述べ、家相が流行しているが、それを改めて豊かになった家が増えたとは聞かないと述べている。別項では、次のように述べている。

○家相大に流行し、都鄙《とひ》賢愚これに着する人多し。按《あんず》るに、劉琦《りゅうき》が釈名《しゃくみょう》に、宅托也、人之倚処也とて、必竟人の入物、或は外箱などとおなじく、又刀剣の鞘柄のごとく、何程外餝《そとかざり》見事に金銀を鏤《ちりばめ》たりとも、身鈍刀ならば何の用に歟《か》立んや。白鞘切柄にても名剣は尊し、家相もまた如斯《かくのごとし》。四神《しじん》相応の地に家宅十分具足し、金城湯池の固《かため》ありとも、主暗愚ならば如何ぞ長久ならん。秦の始皇阿房《あぼう》を造り、二世阿房を斃《たお》す。

全家相に興廃はよらざるべし。
（『日本随筆大成』一期一九巻）

享和頃の京坂では、都市でも田舎でも家相がたいへん流行しており、賢い者も愚かな者も信じている状況が述べられている。田宮は具体例をあげて、家相がいかさまであるという主張を繰り返す。

その一つが和州龍田《たつた》の商人の話である。彼は大坂から家相者を招いて家相を良くし普請をしたが、わずか三年の間に家が断絶してしまう。注目すべきは「家相を改んと態々《わざわざ》浪花より家相者を招き、差図を請て宅を造作し」という部分である。村田あがによれば、こうした依頼者宅に出張する営業形態は通常の業務形態だった。享和期の大坂には神谷古暦、松浦鶴雄などの家相書の著者がおり、こうした形で営業していたのであろう。

もう一つの事例は隣村の村長の話である。彼は家相見に判断してもらって、門を立て替え土蔵を建て吉相を喜んだ。しかし、疫病で嫡子を失い普請に散財したため、先祖伝来の家を失ってしまう。しかし、彼は家相を信じ続け他人に勧めている。田宮は以上の事例から、家相を良くしても幸福になれるとは限らないことを主張し、家相はいかさまであるという見解を再び表明している。さらに、次の項でも再び繰り返している。

○家相者流家を建るに乾《いぬい》の方を張るべし。巽《たつみ》の方を張るべしと指図す。夫《それ》天は西北に欠、地は東南に満てずと、古よりいへり。然るに拠なき杜撰《ずさん》の説を設、愚者の財を費さす。洪範《こうはん》に悖《もと》りて、五行の生剋《しょうこく》に、私の好悪をたて定、天地の常理に差《たが》ふや、生剋の道は傘匠のごとし。雨降らざれば売れず。雨晴れざれば張ざるに等しく、通達と裁制と二の道なるをや。

家を建てるのに、家相見たちは乾、巽の方角にあたる部分を張り出して作るべきだと主張するが、これは拠り所のない説で、愚かな者たちから金を巻き上げていると批判している。

田宮は基本的には、家相を信ずるに足らないものとして批判している。彼は陰陽・五行説にも詳しいため、そうした知識を駆使して批判する。また、具体的な事例を論証しながら批判していく点が特徴的である。こうした事例が多数取り上げられていることから、家相が非常に流行し、こうした事件が巷間にあふれていたのであろう。

『夢之代』

懐徳堂《かいとくどう》は、享保一二年（一七二七）に大坂の有力町人らによって設立された。門人の一人山片蟠桃《やまがたばんとう》は文政三年（一八二〇）に『夢之代《ゆめのしろ》』を著した。その内容は、科学的で実証的な立場から、天文・地理・経済などについて論じたもので、家相を批判している。

近来家相ト云テ、家宅ノ建カタ、間ドリヲギンミシテ年々歳々ニ住居ヲカヘル人アリ、スベテ干支・方隅・日時ハ人アリテノチニ名ヅケタル目件ナリ、年徳八将軍ノ説ナド

ハ媼婆ノ云コトニシテ、字ヲシル人ノ云コトニアラズ。（『日本思想史大系』四三）

蟠桃もまた近来、すなわち享和期になってから家相が流行し始めたと述べている。家宅の建て方や間取りを吟味して、毎年家を変える人もいた。家相判断は干支・日時とあることから、年回りの吉凶判断だったと推定される。彼は家相には批判的であり、信じるものは文盲の者であると、手厳しく批判を加えている。

この記事の直前で彼は、人の運命や吉凶というものはその人自身に関わる問題で合理的に解釈すべきことであり、方角の吉凶や男女の相性などの陰陽家の説明は非合理的であると批判する。それに続く上述の家相についての記述は、こうした陰陽家の論理を批判する文脈にある。後半部分では、剣相・人相についても批判が加えられている。

『癇癖談』

『雨月《うげつ》物語』で著名な上田秋成《あきなり》（一七三四〜一八〇九）は、『癇癖談《くせものがたり》』を記した。その内容は『伊勢物語』に模して社会問題を指摘するという内容で、一八世紀末の上方の世相が描かれている。

むかし、人の家の相を見て、悪しきは善きに作り改めて、幸福得さする師ありけり、さて、それがなす事どもを、後によく〳〵かへり見れば、おほかた時いたりぬる人のうへにこそ、幸福は得るなりけれ、やう〳〵ひだりまへなる人の、何事に心まどひしては、竈をつきかへ、厠をうつしなどすれど、たゞ〳〵ひた衰へにおとろへ行くには、

さらにそのしるしもかひなきのみならず、工手間・釘縄《くぎなわ》のつひえのみて、いよゝゝの
こりすくなの財貨をも失ひつゝ、こゝろ憂き世に立さまよふ、いとうたてし。

（『日本随筆大成』三期五巻）

秋成によれば、家の相を判断して悪い相を良い相にして幸福を与えていた人がいた。秋成はその様子を懐古し、家相により幸福を得るには時間がかかるものだと述べている。ところが、家相を信じている人たちは、短期間に幸福を得んが為に普請をする。しかし、すぐに幸福になれるわけではない。経済的に傾いている上に普請による出費でよけいに苦しくなり、経済的悪循環に陥った人々の存在を嘆いている。

以上のように、上方では大江桐陽が『家相口訣』を著して一〇年も経たないうちに家相が庶民の間に大流行していき、社会問題化した。家相書の著者の多くが大坂周辺で活動していたことは前述の通りであるが、家相図の検討から上方が江戸よりも早いというのは考え直す必要がある。はたして江戸の状況はどうだったのだろう。

江戸の家相

『六あみだ詣』

十返舎一九《じっぺんしゃいっく》（一七六五～一八三一）は、代表作『東海道中膝栗毛』を文化六年（一八〇九）に出版する。一九は周知の通り、軽妙洒脱な語り口で好評を博した滑稽本《こっけいぼん》の第一人者である。『六あみだ詣』は『東海道中膝栗毛』が出版された翌年に出版された（『古典文庫』四二三冊）。内容は江戸場末の長屋のおしゃべり仲間が、武州の六阿弥陀をおしゃべりしながら詣で、その途中に出会う人々との問答から、処世の教訓を滑稽のうちに与えていくものである。六あみだ詣とは、元禄頃から流行した信仰と物見遊山《ものみゆさん》を兼ねた娯楽である。こうした江戸の庶民に馴染み深い娯楽を題材としていることと、そして作中で展開される処世の教訓的内容も、庶民の日常生活に密着した内容であり、文体もきわめて軽妙であり、かつ庶民の日常的な口語を多用していることからも、庶民を読者として想定した作品と考えられる。

一九は教訓をたれるにもかかわらず、自分自身は実行できない者として「畢竟《ひっきょう》医師のいかもの喰、家相見のわが居所を夜逃《よにげ》する類ひ」と表現している。今日でも「医者の不養生」という言葉があるが、同様の意味で、医者とともに家相見が登場している。江戸の庶民を読者と想定した作品で、洒落《しゃれ》として前述の文言が使用されていることから、文化期の江戸の庶民にとって家相見は身近な存在だったと考えられる。

『兎園小説』

現在なお親しまれている、『南総里見八犬伝《なんそうさとみはっけんでん》』の著者である滝沢馬琴《ばきん》は、明和四年（一七六七）に江戸深川に生まれ、嘉永元年（一八四八）に没した。彼は『南総里見八犬伝』を執筆している最中の文政八年（一八二五）、同好の諸氏と謀り、毎月一回、互いに異聞を書記して披講《ひこう》する会を企図した。文政八年正月に海棠庵《かいどうあん》の発会に始まり、一二月の馬琴で終わった。参加者は、本員である屋代弘賢《やしろひろかた》ら一一人と客員の二名の一三人であり、この会で披講した内容をまとめたのが『兎園小説《とえんしょうせつ》』である（『日本随筆大成』二期一巻）。

文政八年五月に同人の乾斎《けんさい》が「家相の談　小野小町の弁　間違草の事」という話を披露した。乾斎は「近年我邦《わがくに》も亦《また》、家相の学行はれて、病難を救ひ火難を免かれ、其術に心服する者も少なからず。衆人の帰する所、其効験なきにも非ず」とあり、文政年間の江戸では家相が流行し、家相を信ずる者がいたことがわかる。そして、家相判断の具体的な事例が提示される。

松永宗因《そういん》という人が薬研堀《やげんぼり》に家宅を買って引っ越した際に金蘭《きんらん》という人物に出会い、家相判断をしてもらう。ところが「死骨有り」と判断されたので、彼はその家の購入を中止し人に譲った。その後、その家を購入した女隠居は一月余りで病死する。その後も医生が住んだが、彼もまたほどなく病死する。

次に金蘭は久松町《ひさまつちょう》河岸で「長屋の病気長者」と噂される長屋を訪問する。彼は家相判断を行い、長屋の家相が悪いので改善するように助言するが、聞き入れられなかった。その後、この長屋に住んでいた四家族は、次のような災難に襲われた。遠州屋久三郎家は跡取りが死に絶えたため奉公人を養子にしたが、その妻は労咳《ろうがい》、老母は中風《ちゅうぶう》で、二人の手代の一人は病死し、もう一人は脚気《かっけ》病に苦しんだ。大黒屋弥右衛門の老母は、手足が伸びず俗に達磨婆々と言われていた。五年のうちに弥右衛門の妻二人が不幸になった。大黒屋次郎右衛門の祖父は病死し、その孫は二人とも精神を病んだ。またその父の背中は曲がっていた。松坂屋某の妻は向島《むこうじま》で変死し、手代の一人は刑死した。このように、この長屋では、変死、病気、家断絶と不幸が続いた。

さらに乾斎自身が、米山という人物の遺言で、池之端仲町《いけのはたなかまち》へ行き、書物屋某の家相判断をした。その家は子宝に恵まれないと判断したところ、ある書物家が彼の判断通りこの長屋は「子なし長屋」と伝えられていることが明らかになる。

以上の事例では、家相見である金蘭と、米山という人物の遺言を受けた乾斎が家相判断を行った。判断した家屋は長屋であり、登場する人々は庶民である。このことから、庶民の間でも家相判断が行われていたことが判明した。また、悪い家相の結果として、変死、病気、火事、跡取りの死亡があげられている。さらに、これらの記事は悪い家相が不幸の原因であるという趣旨で述べられている。薬研堀、久松町河岸の長屋の話は、どちらも家相が悪いのにそれを知らずに、あるいは無視した結果として、不幸になったのである。また、池之端仲町の書物屋の話は、家相判断の有効性と信頼性を強調している。すなわち、乾斎はこれらの具体的な事例を通して、家相の大切さ、それを無視したときの恐ろしさ、家相判断の有効性と信頼性を強調しているのである。

同書に登場する家相判断者は、金蘭、米山、乾斎の三人である。中井豊民によると乾斎は太田錦城の門人である。『兎園小説』によれば乾斎は米山の弟子であり、太田錦城の孫弟子となる。したがって、米山と太田錦城は同門となる。

さきに神谷古暦派という家相派の師弟関係を紹介したが、『兎園小説』に登場してくる四名は、金蘭は浅井金蘭、米山は平岡米山である。太田錦城もまた神谷古暦の門人であり、乾斎もまた神谷古暦の門人となる。馬琴の嫡男宗伯《そうはく》は医師を志すが、太田錦城の教えも受けている。つまり、馬琴は太田錦城とも交流があり、『兎園小説』に登場してくる家相見は、すべて神谷古暦の門人なのである。

以上のように、この記事は神谷古暦の門人が書いたものである。それゆえに、家相を肯定的に捉えているのも当然であろう。同書は文政年間に江戸で活動していた家相見の眼から見た、江戸の家相の実態が描かれているのである。

これまで紹介した随筆では家相を否定するものが圧倒的に多かったのに、なぜ『兎園小説』では肯定的に捉えているのだろうか。

馬琴と家相

それは馬琴自身が家相を学んでいたからである。馬琴は文政六年（一八二三）頃から方位吉凶に興味を持つようになり、自宅の家相を判断したり、墓相まで判断するようになる。柴田光彦によれば、そのきっかけは嫡男宗伯の大病が契機であった。馬琴が家相の学習に用いた書籍は漢籍では『陰陽五要奇書』『協紀弁方書』『三才発秘』『通徳類情《つうとくるいじょう》』『崇正通書《そうせいつうしょ》』、和書では『方位便覧』『方位指要』などであった。ちなみに『通徳類情』は二両二分、『協紀弁方書』は三両で購入している。『馬琴日記』によれば文政一〇年正月から『陰陽五要奇書』『龍背発秘』『方位便覧』などを読むことが記されている。実現しなかったが馬琴は家相書の出版も企図していた。『馬琴日記』には馬琴が近所の家から依頼があると家相判断を行う様子や、方々に尋ねて漢籍を入手する姿、さらにその読書の様子が細かく記されている。

日記には乾斎は登場してこないが、方位吉凶に関心を寄せていた馬琴が乾斎の話に興味を持ったことは確実であろう。

『塵塚談』　著者の小川顕道の祖父は小石川に住む町医者で、享保年間に施薬院《せやくいん》の設置を幕府に建言し、それが採用され有名な小石川養生所が設置された。小川家はそれ以来、代々、小石川養生所の肝煎《きもい》りを勤めた。顕道は世情や風俗に興味を持っていた。文政一一年（一八二八）に著した『塵塚談《ちりづかだん》』は各地の風俗や異聞がまとめられている。「江戸自慢の異同」では、江戸自慢の品物、料理、人情、住人などについて書かれており、占いを渡世とする人々も描かれている。

占卜者、人相家相剣相墨色見《ぼくしよくみ》に猶類多し、諸所に居住し、渡世とするもの数百人有へし、中にも高名なるものは立派にくらすなり、又辻の往来へ出て活計とするもの、一町毎に一人宛は極めて居れり、千を以てかずふべし、皆親妻子を撫育《ぶいく》しくらすなり、此卜者とも、我身の未然をしることとあたはす、いかでか人の事をさとすべけんや、これらを以て思ふに、江戸は皆愚盲の人のみ多くして已《のみ》か情欲を遂んとをおもひ惑乱して、吉凶を卜者にあつからしめて、心を動すとの便りとする事也、賤しきものは理にくらければ、さもあらんかし、武夫《ますらお》のかくのときは、見る目きく耳も猶うたてし、浅ましき事といふへし、他国にはかゝる事をきかす。　（『古典文庫』五四）

文政年間の江戸には占いで生計を立てている人々が数多くおり、辻占いも一町ごとに一人は営業していたと伝える。占い師には、人相見、家相見、剣相見、墨色見などさまざまな占いを渡世とする者がいた。先に取り上げた『六あみだ詣』で、文化年間の江戸では家相見が身近な存在であったことを指摘したが、文政年間も同じ状況であった。化政期の江戸には、こうした占い師・家相見が至る所におり、それだけ家相が普及していたと考えられる。

著者の顕道は、こうした占い師たちは自分自身の将来さえ知ることができないのに、どうして他人のそれを占うことができるだろうかと、否定的にみている。そして、占い師に頼っている江戸の人々は愚かであると嘆き、よその地方では見られない江戸独特の文化であると述べている。

『随意録』

著者の冢田大峯《つかだたいほう》は「異学の五鬼」といわれた人物で、寛政異学の禁に反対した人物でもあり、天保三年（一八三二）に八八歳で亡くなった。彼が著した『随意録《ずいいろく》』は、文政一二年（一八二九）に刊行された。

近世有二家相工者一。相二人之屋室戸牖一。以言二吉凶妖祥一。世俗或惑二乎其言一。而改二造牖窓㆒。更㆓作井竈者㆒。亦不㆑鮮也。不祥有㆑五。東益不㆑興焉。聖人之諭。如㆑是矣。而俗人不㆑知焉故也。（『日本儒林叢書』一巻）

冢田大峯は、最近になって「家相工者」という者が出現したと述べ、土地の形状ではなく部屋、戸、窓などの家屋自体が判断されていること、家相に惑わされている人がいることを伝えている。

彼は家相を否定的に見ており、伊奈大夫《いなだゆう》と知人の二つの話を取り上げて批判している。昔、伊奈大夫という人がいて家相を信じており、家相判断に従って厩庫《きゆうこ》を改築した。しかし、一年も経たないうちに内輪もめがあり、家禄を無くしてしまった。家相判断に従ったが、不幸に陥ったという話である。また、冢田の知人は戸や窓、台所を家相判断にもとづいて造作したが、火災にあった。その後、また家相の教えを受けて「築作之法」によって建てたが、また火災にあってしまい、家は灰燼《かいじん》に帰してしまい、そこでやっと家相に惑わされてはいけないと悟ったという話である。

『皇朝学者妙々奇談　しりうごと』

天保二年（一八三一）に刊行された『皇朝《こうちよう》学者《がくしや》妙々《みようみよう》奇談《きだん》　しりうごと』は内題に「皇朝学者妙々奇談」とある。文政年間に著名な漢学者たちを批判して、波紋を巻き起こした『妙々奇談』という書籍があり、これ以後、類似した内容の書物が出版された。『しりうごと』もこの時流に乗って出版された書籍で、亡くなった著名人が当時の有名な国学者を批判するという内容である。

中巻第三に「祐天《ゆうてん》大僧正、小山田与清《おやまだともきよ》を呵《か》す」と題する話がある。小山田与清とは国学者で、賀茂真淵《かものまぶち》の高弟村田春海《むらたはるみ》の弟子である。小山田が弟子を引き連れて目黒の祐天寺に参詣したところ、祐天大僧正の声が聞こえ、彼の仕事と学問を批判し叱りつけるという内容である。

全体ちかごろは、堪輿《かんよ》家相の説はやりて、勝手のわるき処へ窓をあけたり、とをふさぎたり、不勝手にすることをよしと心得るものおほく、つひには家作に気をもむために、身上も不勝手となる者ことに多し。これらさへ歎息のかぎりなるを、又候《またぞろ》、その方がために墓地にまでまごつきて、往時に難儀さするものまゝあるよし、わが末徒ども、迷惑することとなり。それほど墓相にくはしきその方、何しに子を先立るやうの逆ありしぞ。もとより穢土《えど》に住する如夢幻泡影の身として、吾子の夭逝《ようせい》することさへしらず、たゝ書面の墓相説をあげて、口伝などゝとなふること、人はみな書をよまぬものにしたる自許の所為、はなはだすまぬことなり。ことにこれは太田錦城が、世上の家相方位の説をなすものゝ流行をうらやみ、種々の家相書を著述して、愚人をたぶらかしたる術計をぬすんで、利を射んと欲せるにて、その方すこぶる黄金家にてありながら、尚卑劣なる銭まうけしたがる癖あるは、つひに死して有罪餓鬼とならんことうたがひなし。

（『日本随筆大成』三期一一巻）

小山田が墓相に関する書物を著し、墓相説を主張しているが、それは封建体制に背く考え方であり、また当てにならないもので人々をだましていると批判している。それに続く部分で、不便なのに家相に従って普請をする人々が多いことを嘆いている。このことから、天保期の江戸では、家相と言えば窓や戸などの、家屋自体と付属設備を意味しており、家相に従って間取りが決定されていたことがわかる。

さらに家相を否定的に捉えており、家相の流行に乗ってさまざまな家相書を著して人々をたぶらかしている人物として、太田錦城をあげている。墓相を主張している小山田与清も、太田錦城と同類であると批判し、死後「有罪餓鬼」になると痛烈に非難している。天保期には著名な知識人までが、家相書を執筆していたのである。

『藤岡屋日記』　須藤由蔵《すどうよしぞう》による『藤岡屋日記《ふじおかやにっき》』は、幕末の江戸の庶民生活を知る好個の史料で、天保三年（一八三二）六月に家相についての記述がある。

天保三辰年六月十九日　新革屋町、金治店　田辺静馬《しずま》

右の者儀、転宅又ハ婚姻等の事、于時《ときに》ハ吉凶判断致し候節、土御門家職札ニ新法異流致ス間敷段認メ有之《これあり》ニ付、諸人を為可欺、更ニ読候儀出来不申《もうさぬ》書物を居宅ニ飾り置、

日本往古名人之説ハ不及申《もうすにおよばず》、唐土之事ニ而《て》も家相方位之儀ハ博覧致候由ニ申触し、実ハ師伝も無之《これなし》、一己之存念を以謝礼等多分ニ可貰受と、縦令不宜《たといよろしからぬ》方角江相移り候共、居所之土取替候節ハ子細無之、右ニ而官位昇進ハ不及申、福寿共心之儘《まま》ニ相成候由を以、其分限等見計、以多分之失劫相懸ケ候をもいとはず、深夜等ニ鍬入為致、遠方より土持運、剰《あまつさえ》病人の診脈も不致、咄之趣を以薬を与へ、又ハ病気をしづめ候由ニて右躰種々巧之手段を以年来諸人を疑惑為致、金銭貪取候始末旨、不届ニ付遠嶋申付之。

伊勢町市彦左右衛門店　文五郎　元乗物町金次郎店　甚助

右之者共儀、陰陽師田辺静馬巧ミを以偽り候事共申触し候義とは不存候共、方位家相之由諸人江住居所之土為取替候節ハ遠方へ参、深夜ニ鍬入持運び等品物等相違候程、静馬口入を以土売遣し候始末、渡世ニ候共不埒ニ付、手鎖申付候。　六月十九日

（『藤岡屋日記』一巻）

田辺静馬という土御門家支配下の陰陽師ではない者が、陰陽師と称して家相方位判断を行っていた。彼は文盲であるが自宅に書籍を飾り、博学であると喧伝《けんでん》していたが師匠はいなかった。また、方位が悪いときには土を変えると良いとし、人々を騙して金銭を得ていたので訴えられて遠島処分となったのである。

方位占いなどの占いを行うことができるのは、土御門家支配下の陰陽師だけであり、それに違反した者は処罰された。田辺の一件は、まさにこの禁令を犯し処罰された典型例である。幕末の江戸では、土御門家の支配力は緩み、こうした自称陰陽師の活動が多かったのであろう。静馬の事件後、次のような狂歌が世上で歌われた。

　家相より我が身をしらぬ陰陽師方角知らぬ島の行末

馬琴は家相書の出版も企図していたことを先述した。出版を中止した理由は不詳であるが、柴田光彦は眼を患ったことと、静馬の事件が何らかの契機になったと推定している。

　著者の佐々木貞高は人情本作家として一世を風靡《ふうび》した為永春水《ためながしゅんすい》である。

『閑窓瑣談』

天保期に売れっ子の人情本作家として活躍した春水は、天保一三年（一八四二）に老中《ろうじゅう》水野忠邦《ただくに》が発した風紀粛正令により、手鎖《てぐさり》の刑に処せられ、翌年に五四歳で獄死する。『閑窓瑣談《へいそうさだん》』は、風紀粛正令が出される前年に発表された作品である。第一巻の冒頭に「金神《こんじん》家相の論」という題で詳細に家相と金神について述べている。

近世家宅の相を撰事行れて、万家多くは此所為に泥《なずみ》、其道に通達せる徒に付て、一向に居家の安全を秤《はかる》。然《しから》ば貴賤と雅俗を不論《ろんぜず》、宅相の吉凶に依て、身上に祥と不祥を現然に得ると云徒不少。於是方位家相を卜するの徒、禍福当祟を囂《かまびすし》く云募、八方金神の祟、本命的殺の論争々たり。（略）最初は方位を誹《そし》りし人も、其家の不幸なる事有か、亦は病痾の悩ある時に臨み、他に方位の理論を説示され、心も迷ひ方変などし、聊《いささか》吉祥を得て、始て方位の慎、禍福の旨趣有に屈伏する事あり。然ども是は其時の自然にして、方角を変じ家を改たるの徳にはあらず。其証古は宅相を改て後、全く無事安穏の定もなし。（略）人凶にして宅凶にあらずと古人の金言なり。夫《それ》吉日にも悪事をなして咎《とが》なきか。凶日なりとも善を行ひ、家職の勤を発して妨祟邪神があらんや。万一在とも怖《おそ》るるに不足《たらず》。凡《およそ》世の中の吉凶禍福は、人心と行ひに在て、居家方位の司事かは。（略）心だに誠の道の行ひあらば、天魔鬼神も怖るるに不レ足《たらず》、栄枯盛衰は時運と人の行ひにありて、家相方位の為所とは迷ふべからず。斯《かく》云へばとて衆人の久しく恐怖金神なれば、皇国魂の大丈夫にして信勇の心なく、臆病愚痴の徒は、瑣細《ささい》の事に懸念するも心憎気がなくて宜からんか。

（『日本随筆大成』一期一二巻）

「近世家宅の相を撰事行れて」と天保期の江戸では家宅の相、宅相の吉凶判断が流行しており、「方位家相を卜する徒」がおり、八方金神、本命的殺などがうるさく言われていると述べている。暦の二四方位の方角、日取りの吉凶など家相の禁忌以外にもあるが、これらは日本の古代からのものではなく、唐土の道教からのもので青龍、白虎、朱雀、玄武という四神相応の地も中国のものだと強調している。陰陽家が言う、歳破《さいは》・歳殺《さいさつ》・歳刑《さいけい》・災殺《さいさつ》・太歳《たいさい》・大将軍《だいしょうぐん》・的殺《てきさつ》・金神《こんじん》などのいわゆる年回りの吉凶、土公神なども中国のものであると指摘し、それらが根拠のないものであると批判している。

興味深いのは、ただ批判だけで終わっているのではなく、家相・方位を信じてしまう心意を説明している点である。「最初は方位を誇りし人も、其家の不幸なる事有か、亦は病痾の悩ある時に臨み、他に方位の理論を説示され、心も迷ひ方変などし、聊吉祥を得て、始て方位の慎、禍福の旨趣有に屈伏する事あり」とある。つまり方位を信じていない人でも、不幸が続き不安に感じているときに家相を説明されると、つい信じてしまうと述べている。この論理は現在でも、災因論としてあてはまるところが多い。つづいて、火災の例などを挙げて、家相・方位・日の吉凶の説が非合理的であるという批判をし、「人凶にして宅凶にあらずと古人の金言なり」の言葉を引用、家が災いをもたらすのではなく、人が災いをもたらすと結論している。

さらに、こうした家相・方位の吉凶、金神などは中国からのものであり、日本古来のものではないことを強調している。

これまで扱った史料は、馬琴や春水など文人として歴史に名を残した人物の文章である。無論、彼らが残した史料は近世の家相の実態を知る上で有効であるのはいうまでもないが、歴史に名を残さない庶民は家相をどのように捉えていたのだろうか。先に紹介した寺子屋を営んでいた植田養山のような、より庶民の立場から家相の実態を追っていきたいと思う。

農書にみられる家相

農書とは農業技術がしるされた書物である。『勧農和訓抄《かんのうわくんしょう》』は、天保期に甲斐《かい》清水《しみず》領（山梨県山梨市）の代官を務めた加藤孫兵衛が著したと推定される農書である。内容は宮崎安貞《やすさだ》の『農業全書』と小西篤好《あつよし》の『農業余話』を要約したもので、国学的色彩を持つ点が特筆される。

農家の普請ハ、第一日請能き所へ糞屋を広くつくりて、それより農業の勝手よきように居宅をつくるべし。

近年、世上に地・家相、方位の吉凶を云て、其説区々にして、世人を惑はす事あり。最《もつとも》、吉凶の事更に不レ用《もちいず》にハあらざれども、深く信じて惑ふ時ハ、家をうしなひ、身を害し、災を招くもの世におゝし。先、地相・家相ハ第一其家の主の心によるものなり。只、農業・家職に都合弁《ママ》利よきを、第一の吉相とするなり。譬《たとえ》バ、なにようなる名城にても、其大将の心次第にて栄へも亡びもする事、古来より人の知る所なり。又、市中などにハ竪横寸地もなく家々立並たる中にハ、凶方向の家もあれ共、主の心次第にて何の災もなし。（略）扨《さて》、農家先祖より数代住居の家屋敷を、地相・家相悪きと聞くより、主の心惑ふ故、凶事をまねき、家を失ふものもあり。譬バ先祖より数代径《ママ》たるに、今の時に至つて其相の悪きといふことあるべからず。是、其主の心惑より起れり。

（『日本農書全書』六二巻）

同書の農家の普請について論じている部分で、家屋は農業をする上で便利なように建てるべきだと主張している。そして、近年になって地相や家相の吉凶を唱えるさまざまな説があり、人々を惑わしているが、吉凶を過信することにより不幸になった者が多いと述べ、具体例をあげて五行説を否定する。つづいて、加藤は都市部で凶方位の家でも安寧に暮らしている家も存在することから、居住者の気持ちの持ちようが大切なのであると論じる。さらに、数代にわたって住み続けた家や屋敷が、地相・家相が悪いと指摘されたために、居住者が心を惑わして凶事を招き家を失う者もいるが、数代も災禍なく暮らした家屋敷が、現在になってその相が悪いことなどは決してないと論じ、家相を否定する。この論理は『病癖談』『閉窓瑣談』と類似している。農業技術書である農書で家相が取り上げられるほど、天保期の地方でも盛んに家相判断が行われ、問題視されていたのである。

家訓書にみられる家相

近世末には子孫に人生を生きていくための家訓《かくん》を記した文書が大量に登場してくる。これは文字により、子孫に家の由緒、さらには人生の渡世訓を伝えたいという意識からであろう。

天保期には子孫に処世術を記した家訓書にも家相について言及した文書が登場してくる。たとえば、相模《さがみ》国高座《こうざ》郡萩園《はぎその》村（神奈川県茅ケ崎《ちがさき》市）の青木長右衛門が天保一五年（一八四四）夏、六六歳の時に著した自叙伝『我身一代夢懺悔《わがみいちだいゆめざんげ》』（『茅ケ崎市史史料編』四集）はその一例である。青木は波瀾万丈な生涯を送った人物で、上巻にその半生が記され、下巻には彼が人生経験から得た世界観、人生観、処世術、趣味など多岐にわたる内容が一二項目に分けて書き綴られている。下巻「第六神相、家相、八卦、墨色の事」では、青木の家相に対する考えが記されている。青木は「予も色々様々の雑易の本を見候歟正しき事一切無之候」と、占考本なども読んだが信ずるに足りないと否定している。つまり、経験知から家相を否定したのである。

　農書ならびに家訓書にまで家相が取り上げられていることは、こうした知識がきわめて広範囲に行き渡り、かつ問題化していたことを物語っている。

　以上見てきたように、家相書が出版される以前、すなわち天明二年（一七八二）以前は、「幸ニシテ本邦ニハ其術ヲ唱ルモノ今マデハ無キ故ニ（略）迷フ人モ無シ」とあるように、風水は一部の知識人層に知られているだけで一般には知られていなかった。また、『町人嚢』『過庭紀談』で紹介されているのは風水でも陰宅風水なのである。ところが、大江桐陽が『家相口訣』を著して一〇年も経たないうちに上方では家相が庶民の間で大流行し、江戸もさほど時間差がなく同様な状況となった。このことは、各作品で「ちか比《ごろ》、剣相といふ事世にはやり」「近年我邦も亦、家相の学行はれて、……」という文言からも明らかである。また、先に検討した家相図の作成時期からも同様のことを指摘できる。

風水と家相

家相の意味したもの

天明期以前に出版された陰陽道書や木割書《きわりしょ》などには、屋敷地の形状の吉凶、暦の吉凶などの記載はあるものの、家屋そのものに関わる吉凶はほとんど記載はない。近世における家相とは何を意味していたのだろうか。表18は、各作品で判断の対象とした内容をまとめたものである。『閑窓自語』には敷地の形の吉凶について記されているが、大半は家屋と窓や戸などの室内設備が判断の対象となっている。したがって、一八世紀末期頃から、家屋と付属建物およびその室内設備を対象とした吉凶判断が、家相と認識されていたのである。そこには地脈という考え方はほとんどない。

陰宅風水

本書の最初に説明したように、風水とは陽宅風水と陰宅風水の二つから構成されていることを確認した上で、これまで扱ってきた史料の風水という言葉の意味を検討していこう。家相が流行する以前の様子を伝える『町人嚢《ちょうにんぶくろ》』『過庭紀《かていき》談《だん》』は陰宅風水を紹介している。『町人嚢』では中国の墓の場所により子孫の吉凶禍福が決定する墓地風水を批判している。『過庭紀談』では堪輿家の説が、日本にも古くから存在していたが、この術を主張し実践している者はいないこと、風水は晋代の郭璞《かくはく》の『葬《そう》書《しょ》』に依拠していることなど、中国の墓地風水について紹介している。

表18　家相判断の対象

出版年	作品名	内容
一七八九年(寛政元)	闇の曙	蔵と座敷(相剋相生の説)
一七九三~九七年(寛政五~九)	閑窓自語	家のつくりかた、敷地の形の吉凶、山、水、街
一八〇一年(享和元)	東牖子	家宅、門、土蔵、四神相応の地に家宅十分具足し
一八〇二年(享和二)	夢之代	家宅の建て方、間取り
一八二二年(文政五)	癇癖談	竈、廁
一八二五年(文政八)	兎園小説	長屋
一八二九年(文政一二)	随意録	室、戸、窓、庖厨(台所)
一八三一年(天保二)	しりうごと	窓、戸
一八四一年(天保一二)	閑窓瑣談	宅相

家相が流行している時期では、『闇《やみ》の曙《あけぼの》』に「家相の外に風水の考へといふ者有」「それを以て風水の事を述て人を欺きし、地理風水は地理全書といふ唐本有」とある。新井白蛾《はくが》は家相と風水を別のものと捉えているようであり、『地理全書』という風水書の存在も知っていた。

次に、風水という言葉は登場しないが、家相が中国から伝来したとする史料を見ていきたい。

地勢論

『閑窓自語』では、家相のことを異国（中国）では『三才図会《さんさいずえ》』、日本では『吉日考秘伝《きちにちこうひでん》』に記されている知識であること。そしてその内容は「あるは山にむかひ、水により、街にのそむのたくひいはれあり」というものであり、屋敷地の形状の吉凶、山と水の様子、街についての説明であるから風水の中の陽宅風水、とりわけ地勢論について論じられている。そして、「いまいふ家相には、ことかはれり」とあることから、土地の形状の吉凶と家相とは別なものと認識している。つまり、風水と家相とを区別していたようである。

『兎園《とえん》小説』では「近年我邦も亦、家相の学行はれて」とあり、家相が行われ始めたのは最近であること、「我邦も亦」という表現から家相が異国から伝来したと考えられていたことがわかる。『閑窓瑣談《さだん》』でも、家相が最近になって流行したと述べ、さらに家相は中国からのものであり、日本古来のものではないことを強調している。
以上のことから、一八世紀前半には知識人の間では、風水は古代に中国から伝来した思想であり、その意味するところは陰宅風水と、屋敷地の形状の吉凶とりわけ地勢論を中心とする陽宅風水であると認識されていた。また、家相が流行した時にも、柳原紀光《やなぎはらもとみつ》や新井白蛾のように陽宅風水と家相とを別のものとして理解していた者もいた。換言すれば、正しく風水が認識されていたのである。

日本的風水受容

しかし、大流行していく中で、陽宅風水の地勢論の考え方は弱まり、風水はとくに家屋の有り様の吉凶に特化していく。すなわち本来の陽宅風水から家相へと変容していったのである。ある意味では陽宅風水の日本的受容と捉えることも可能であろう。その過程で不思議なことに陰宅風水は忘れ去られていった。先に近世の京都大坂の人名録には、風水・地理という言葉が記されていることを明らかにしたが、そこでの風水・地理が意味するのは陽宅風水であり、家相なのである。陰宅風水という意味合いは全くない。

東アジアレベルで風水を捉えるならば、陽宅風水と陰宅風水の両者を重視するのが一般的である。今日、風水ブームにより風水という言葉は定着したが、その内容は部屋のインテリアなど、ミクロな陽宅風水がきわめて歪《いびつ》な形に変容したものである。多くの風水と銘打った書籍が書店を賑わせているが、陰宅風水に触れたものは皆無と言っても過言ではない。もちろん、陰宅風水は墓相ということで存在しているが、家相に比べるとその存在は小さく、人々の関心を集めているとは言えない。したがって、今日でも日本本土に陰宅風水は定着していないのである。すなわち、東アジア全体で捉えると、陰宅風水を欠いた一八世紀以降の日本の風水受容はきわめて特殊なのである。

家相を担う人々とまなざし

一八世紀後期になると家相は一般に流布し、表19のような人々が家相判断を行っていた。

家相判断者

高名な学者から自称陰陽師田辺静馬まで、さまざまな人々が家相判断を行っていた。また家相者、家相工者など、家相を専門的に判断する者も存在した。家相図作成者の検討からも多様な人々が作成していたことを明らかにしたが、家相判断は陰陽師など専門とする宗教者だけでなくさまざまな人々によって行われていたのである。

占考《せんこう》、方位判断、祈禱は陰陽師の職掌である。林淳は、明和七年（一七七〇）に陰陽師側から、彼らの職掌を修験側が侵しているとする訴状が出されたことに注目し、それ以後、同様の訴訟が増加することから、従来の陰陽師の職掌が修験者はもとより広く一般化して

表19　文学作品に登場する家相判断者

作品名	家　相　見
闇の曙	愚盲なる陰陽者の様なるもの，金神医者，山伏
東牖子	巫覡の徒，家相者
兎園小説	金蘭，米山，乾斎
六あみだ詣	家相見
塵塚談	占卜者，人相家相剣相墨色見
随意録	家相工者
しりうごと	小山田与清，太田錦城
藤岡屋日記	田辺静馬，陰陽師

いったことを指摘し、易学が出版を通して巷間の占い師に浸透していったと考察している。

口頭伝承から文字文化へ

近世末に家訓を記した文書が大量に登場してくることを先述した。これは文字により、子孫に家の由緒、さらには人生の渡世訓を伝えたいという意識からである。文字を媒介として子孫に人生訓を伝えるというのは、出版文化の隆盛と寺子屋教育に代表されるように文字文化が庶民の生活の隅々に行き渡りつつあるという時代背景がある。すなわち、メディア論からいえばきわめて画期的なことであった。農書の出現もそうであるが、経験的な知をオーラルに伝承するだけでなく、文字により伝えるという意識が芽生え、かつそれに答えるリテラシーを持つ人々が出現したのである。現代の私たちにとっては、「文字」によって自分の考えや意志を伝えるのは当たり前である。しかし、リテラシーが低い状況では、大多数の人間は文字とは無縁の生活を送っていたのであり、文字が生活をしていく上で必要不可欠な技術になりつつあるということは、人類史上、きわめて革命的なことであった。先に紹介した口頭伝承から文字文化への大きな文化史的展開の一例といえよう。家相が庶民の間に流布していった時期はまさにこの時期であり、ゆえにリテラシーを獲得したさまざまな人々が家相書を読解し家相術を身につけ、家相判断を行うようになっていったのである。

疑問視する言説

各作品の内容を検証すると、家相を否定し疑問視する言説と、家相を肯定し積極的に評価する言説の二つに分類することができるが、前者が圧倒的に多い。

疑問視する言説は、ただ単に家相を批判しているものと、『夢之代《ゆめのしろ》』のように合理的・蘭学的立場から家相を批判しているものの二つがある。

興味深いのは批判の仕方に特徴がみられる点である。『闇《やみ》の曙《あけぼの》』『東牖子《とうゆうし》』『しりうごと』では、具体的な事例を通して、帰納的に家相は効果がない、でたらめであることを論証している。そこで展開される事例には二つの共通した論理が存在する。一つは家相によって幸福を得た人を聞かないというもの。もう一つは家相を信じたにもかかわらず不幸になってしまったというものである。いずれの事例も、家相が幸福に結びつくものではないという点で共通している。これは、今日の迷信を排除する際に用いられる説明論理と共通している。

『癇癖談《くせものがたり》』『閉窓瑣談《へいそうさだん》』では、家相を批判し、さらに一歩踏み込んで家相を信じてしまう人々の行動と心理について論じている。『癇癖談』は家相を信じている人は、信じるがために普請を繰り返し、経済的に困窮に陥りさらに不幸になっていくと述べている。つまり、経済的悪循環に陥ることが、不幸になっていく要因であると合理的に解釈されているのである。『閉窓瑣談』では、家相・方位を信じていない人でも不幸が続き不安感に駆られている時には、家相を信じてしまうと述べている。つまり、不幸が続きその要因が不詳な場合に、災因論として家相が持ち出されると思わず信じてしまうと、心理的な側面から解釈しているのである。『勧農和訓抄《かんのうわくんしょう》』も同様である。この心理的な説明は、家相に限らず、災因論一般に当てはまる論理である。

肯定する言説

家相を積極的に評価している作品は『兎園小説《とえんしょうせつ》』だけである。乾斎《けんさい》は神谷古暦派の家相見と推定される人物である。したがって、彼が家相の効果を積極的に評価しているのは当然といえよう。彼が家相の効果を説明する論理は、具体的な事例から帰納的に論証するという方法である。病気、病死、家断絶などの不幸の要因を、家相から説明するのである。家相が悪いのに、それを知らずに、あるいは無視した結果として不幸になったという話、家相判断の有効性と信頼性を強調する話の二つがある。

これらの話を通して、乾斎は家相の重要性と無視した際の恐ろしさを強調している。また、取り上げられる事例はすべて、家相が悪くて不幸になったというものであり、幸福になったという話ではない。

災因論としての家相

家相を疑問視する立場と、積極的に肯定ないし評価する立場とも、主張する内容は相反しているが、具体的な事例を通して帰納的に論証するという論理は共通している。さらに両者とも、幸福の事例ではなく不幸の事例が取り上げられている点が注目される。

前者は、家相が幸福を呼び寄せたことがない、換言すると家相が幸福の要因として機能していないことを論拠にして疑問視する。後者、すなわち家相を積極的に肯定する言説ですら、家相を良くしたことで幸福になったという事例はない。つまり、両者とも家相と幸福の因果関係を明白に述べていない点が特筆される。

不幸については、前者は家相を良くしたにもかかわらず不幸に陥ったという事例の積み重ねから、家相はでたらめであると主張している。一方、後者は家相を無視した結果として不幸に見舞われた事例から、無視した際の災厄の恐ろしさを強調する。そこから、不幸を未然に防ぎ、逃れるための方法として家相判断の有効性と信頼性が主張されている。両者の立場は正反対であるが、不幸に論理・災因を求めている点は共通している。

すなわち、家相は幸福と関連して語られていないのである。すべて、不幸の因果関係、要因として語られている。家相を肯定する立場からさえ、積極的に幸福を得るという意味合いは弱く、むしろ不幸を未然に防ぎ、災厄を避けるという点が強調されている。中国、香港、台湾、朝鮮の住宅風水の場合はむしろ逆で、積極的に「福」を取り込むという点が強調される。比較民俗学的に考えた場合、日本の家相が災厄を未然に避けることを強調している点は注目すべきである。

家相観から見た民家

現代における家相

現代における家相判断の実態はどのようなものだろうか。茨城県土浦《つちうら》市白鳥《しらとり》町をフィールドにして、その実態を明らかにしていきたい。

暦判断

茨城県土浦市白鳥町では、家を新築あるいは増改築したり、屋敷内の土砂を移動させたりする時には、まず暦を見て、その年がそうした工事をするのに適当な年であるか、屋敷地を選定するのにふさわしい日であるかなどを判断する。そのため大多数の家々ではカレンダー以外に年末に白鳥の村社・香取《かとり》神社から配られる暦本をそなえており、必要に応じて日の吉凶を調べている。

家屋の建築にかかわる工事では、年や日の吉凶が問題となる。具体的には、建て主の年回りによって、屋敷地を得る方位の吉凶がある。その基準となるのは建て主が現に住んでいる家の中心で、そこから方位を測定し判断する。

次に、建築工事をしてもよい時期とその方位を判断する。とくに新築の場合には暦の方位吉凶図などを参照して慎重に行う。普請には大凶となるその年の五黄殺《ごおうさつ》、暗剣殺《あんけんさつ》、歳破《さいは》を避ける。また、建て主は自分の本命星《ほんみょうしょう》の位置を確かめ、本命殺《ほんみょうさつ》と本命的殺《ほんみょうてきさつ》も避ける。最低限度、五大凶殺《ごだいきょうさつ》と呼ばれる方位は避ける。さらに各自の本命星の月判断の項目を見て、各月の方位の吉凶と工事可能な月を探す。

ここまでは、建て主が暦本を参照して調べることができるが、希望の期間と方位に関して何かしら障りがあることがしばしばある。そうした場合や建て主個人で判断できない場合には、神主や方位師、易者に判断を仰ぐことになる。もちろん、はじめから神主や方位師に判断してもらう人も多い。また、カンゲエシャと呼ばれる民間宗教者に見てもらう人もいる。カンゲエシャとは、易者や方位師、祈禱系の宗教者を表す言葉で、「何かあると考えてもらう」→「考え者」からカンゲエシャと呼ばれている。

名主の蔵書

茨城県新治《にいはり》村高岡《たかおか》には男性のカンゲエシャがいて、家相や間取りなどを判断したり、人生相談もしていた。さらに、こうした専門家とは別に、家相を独学で修得した一般の人も家相判断をしていた。つくば市北条《ほうじょう》の中久木家では、便所を改造する際にKという近所のお茶の先生で、書物で家相を勉強した人に見てもらったという。また、つくば市池田《いけだ》の桜井家は代々名主を勤めた旧家で、多数の古文書を所蔵している。その中に家相・易学関係の書籍群があり、ふろしきに一括して保管されていた。

表20の『方鑑精義大成《ほうかんせいぎたいせい》』は一九世紀に活動した著名な家相見の松浦東鶏《とうけい》が著したもので、同書は版を重ねて出版された。『大坂松浦久信《ひさのぶ》先生之伝　家相元祖神谷古暦翁伝文書也』には、前述の松浦東鶏（久信）と神谷古暦の二人の名前が記載されている。両者とも著名な家相見であるが流派は異なる。おそらく両者の流派とは無関係なものが、権威付けとして神谷古暦と松浦東鶏の名を題名に冠したものと考えられる。この文書は実際に家相判断する際に使用された。『易道初学』『易学通解《つうかい》』の両書の著者・新井白蛾《はくが》は、先に引用した近世を代表する高名な易学者である。『改正増補重宝雑書《ちょうほうざつしょ》』はいわゆる『雑書』で日の吉凶、方位の吉凶などからなる暦書である。

ところで、桜井家は易者でもなく、先祖が易学を本格的に学習していたわけでもない。当家は、名主として集落の人たちから頼まれて名付け親になったり、姓名判断などさまざまな相談にのっていたという。これらの書籍はそのために先祖が購入したと伝えられている。家相や易学関係の書籍が一括して保管されていることは、家相・易判断の相談や依頼があった際に、ただちに応じるためであろう。桜井家のような名主が上記の書籍類を所蔵していたことは、暦や方位についての知識を名主層が一種の教養として必要としていたことを示し、宮田登が主張する「日和見《ひよりみ》」としての名主という側面を物語っている。

宗教者の関与　白鳥では、家屋の新築や増改築などの際に、村社の香取神社の神主か石《いし》岡《おか》市三村《みむら》のセンゲンサマ（浅間様）に聞きにいく人が多い。センゲンサマは、建て主夫婦と長男（結婚している場合は妻も含む）の生年月日を聞き、高島易断所《たかしまえきだんしょ》本部編纂の『神宮館九星便《じんぐうかんきゅうせいべん》』を参照し、まず九星によって判断する。とくに建て主の本命星と年回りを重視する。少なくとも五黄殺、暗剣殺、本命殺、本命的殺は避け、さらに五行説で判断する。

表20　桜井伊兵衛家所蔵家相書・易学書一覧

書籍名	作者名	出版年代	備考
方鑑精義大成	松浦東鶏	享和四年甲子二月原版 文政十年丁亥八月再刷	家相書
易道初学	新井白蛾	天保十三壬寅歳九月	易学書
易学通解	井田亀学	寛政八年丙辰季秋発行 嘉永四年辛亥冬十月再板	易学書
九星の咒文	清水嘉兵衛	明治二十年七月三日	宗教書
大坂松浦久信先生之伝　家相元祖神谷古暦翁伝文書也	不詳	不詳	家相判断の図面
改正増補重宝雑書	不詳	不詳	暦書　雑書

判断の結果、希望どおりに建築ができれば良いが、必ずしもそうとは限らない。どうしてもうまくいかない場合は、工事を延期することもある。

年回りの吉凶

建築を予定していた年が、ちょうど建て主の本命星が中宮《ちゅうぐう》に配された八方塞《はっぽうふさが》りのため、工事を一年延期した人や、建築予定場所が三年塞りに当たったために二年間工事を延期した人もいる。大工でも、建て主と工事契約を結び、建築資材の準備が済んで工事に取りかかる直前になって、年回りが悪いという理由から、一年以上延期された人や工事の延期が四～五回もあったという例もある。

しかし、住宅の建設は建て主にとって大事業であり、その家の経済的都合はもとより大工や工務店との契約の問題など、簡単には変更できない場合が多い。その時にはさまざまな方法により工事が予定通り行われるよう工夫される。

建て主の変更

たとえば、建て主を変更するという方法である。建て主の年回りを最重要視するが、どうしようもない場合には、暦判断を家族の他の者の本命星で判断し、具合の良い家族を仮の建て主とするのである。

石岡市三村のセンゲンサマによると、建て主が自分の本命星の配置と年回りによって、その年の工事が不可能だったため、妻の本命星で判断すると問題がなかったので、妻を仮の建て主にして予定通り工事を進めた例があった。他にも建て主を長男やその嫁に変更したり、極端な場合は、孫を建て主にした例もあったという。

一方、茨城県桜川市真壁《まかべ》周辺では家相や暦判断を加波山《かばさん》神社の神主に頼む人が多い。ある人が加波山神社に年回りを見てもらうと、障りがあり工事の延期を勧められた。この建て主は、家族の他の者を建て主に変えて予定通りに工事をする方法を神主に依頼したが断られた。困惑して駒《こま》ヶ《が》岳《たけ》神社の神主に相談したところ、前述した方法で予定通りに工事を進めることができた。このように、神主や方位師によって、年回りを厳密に判断する人と柔軟に判断する人がいるので、各自の家の事情に合わせて判断者を選択している。

方違い

年回りが悪い際に、それを避ける手段として判断の基準となる場所を変更するという「方違《かたたが》い」の方法もある。方位判断には基準となる中心点が必要である。しかし、基準点を移動させると、凶方位がずれる。たとえば、中心点を二〜三メートルずらしただけで、方位が指す場所はかなり変化する。基準点と方位の相対性を利用するのである。ある家で母家に同居している若夫婦が住むための離れを屋敷地内に増築しようとした。念のために神主に年回りを判断してもらうと、建築予定地の年回りが悪く凶方位であった。そこで神主は、若夫婦が別の場所に住んで、そこから方位を測り直すという提案をした。屋敷地内には使用していない小屋があったので、そこから方位を測ると吉方位となった。そこで小屋を改造してそこに若夫婦は寝泊まりし、食事は従来どおり母家でとって予定通り離れの工事を進めたという。

建て主の年回りも家族の年回りも悪く、方違えをする場所もなく、かといって建築を延期する余裕もない最悪の場合も現実には発生する。そうした場合、建て主は神主や方位師と相談して、方位除けを行って工事を強行する場合もある。方位除けの方法は、神主、方位師などによって異なる。香取神社の神主は、「神様にお祈りをして謝るしかしょうがないだろう」ということで、御札・御神酒《おみき》・塩などで敷地を浄め祈禱し、地鎮祭《じちんさい》の際にとくに念入りに祈禱する。方位師の場合は、一週間、朝起きたら敷地の周囲に水をまき線香を焚くように助言するだけである。

このような状況では、判断者の個性が現れやすい。白鳥では、神主よりも方位師、とくにセンゲンサマはうまい方法で解決してくれると評判が良い。そのことによって商売上手とか、親切だとか、よく当たるというように、方位師の評判になっていくのである。そして、人々はその評判によって、暦判断をしてくれる人を選択するのである。

建築工事に関わる日の吉凶

年回りの問題が解決して着工の見通しがたつと、まず地鎮祭が行われる。白鳥では、地鎮祭は香取神社の神主が行うことが多い。地鎮祭をする日は神主と相談して決められ、三隣亡《さんりんぼう》、土用《どよう》の日が避けられる。

地鎮祭が終わると、本格的に建築工事が始まる。まず、屋敷地に土砂を入れて盛ったり、突き固めたりする作業が行われる。このような土木工事の暦判断は、大工が暦を見て行い、土用の期間は避けられる。土砂を移動する際にはその方位にも留意した。基礎工事では金神のいる方位を避け、また金神がいない期間に行う。

基礎工事が終わり、建築資材の準備が整うと、吉日を選んで柱を立て始める。その日にちの決定は大工が暦を見て行うが、三隣亡の日と不成就日の柱立ては凶のため避けられる。吉日に一本でも立てれば、後でいつでも建てることができる。

柱立てには立てる順序があり、春は南から立て始め、東・西・北の順に立てる。夏は北から立て始め、南・西・東の順に立てる。秋は東から立て始め、西・北・南の順に立てる。冬は西から立て始め東・南・北の順に立てる。

柱立てが終わると上棟式《じょうとうしき》である。上棟式の日取りは大工によって吉日が選ばれる。三隣亡や不成就日は嫌われる。

この他に建築工事で暦判断が行われるのは、井戸の設置、仏壇・神棚の設置、屋根造りの時などである。井戸掘りは土用の期間と三隣亡の日は嫌われる。井戸掘りする吉日は甲《きのえ》子《ね》・乙亥《きのとい》・庚子《かのえね》・辛亥《かのとい》・壬子《みずのえね》・壬申《みずのえさる》・癸酉《みずのととり》・癸亥《みずのとい》の日である。また、井戸の位置は家相にもとづいて慎重に決定される。仏壇や神棚も家の中の神聖な場所であるため、神主や方位師、大工などに相談して、家相上の吉凶はもとより、その位置と工事の時期が慎重に決定される。屋根を葺《ふ》く際にも三隣亡を避ける。こうして家屋が完成すると、新居に移り住む。その月日も吉日が選ばれる。

以上のように、地鎮祭の日取りの選定と執行、井戸、仏壇・神棚設置位置の判断は、家相との関連があるので方位師が行う。間取りなどが決定された後の工事と諸儀礼の暦判断は、大工が中心になって行う。

近年は会社勤めの人が増え、土曜や日曜日などの休日の利用が多くなった。しかし三隣亡だけは避けられる。三隣亡の日に建築をすると、自分の家だけでなく隣三軒両隣の家も潰れるといわれている。そのために、いくら迷信だと思っている人でも、近隣との関係を考え、三隣亡だけは無視するわけにはいかないのである。

住宅建築の暦判断

住宅建築のさまざまな局面において暦判断が行われるが、大別すると①年の吉凶、月の吉凶、日の吉凶という時間の運行の吉凶と、②時間の推移にともなって変化する方位の吉凶である。①で注意されるのは、家屋を計画する段階であり、これには神主・方位師・易者が主として関与する。それに対して②は建築工事の段階に入るから、主に大工が関与する。そして、井戸や仏壇・神棚の設置は家相との関係もあり、暦判断だけでなく家相判断も加わるために神主・方位師・易者が主に関与する。

これらの暦判断の吉凶は、基本的には十干十二支と九星判断が用いられるが、細部では判断者によって違った結果となる場合がある。凶日、凶方位にはそれを犯すと「～になる」という説明がされており、それを補強する形でさまざまな噂話が語られる。人々は、暦判断を信じるか否かは別としても、人が嫌うことはするものではないという意識と、災厄は未然に防げるものならば防ぎたいという意識から、暦判断を受け入れている。とくに三隣亡は災厄が自分たちだけでなく、近隣の人々にも降りかかるといわれているので、人間関係を円滑にするために受け入れられている。

建築場所の選定

建築場所の選定においては親族関係も重視される。分家に出る場合、屋敷地は本家の所有する土地を分けてもらうことが一般的である。可能ならば、本家の側に建てるのが好まれる。しかし、その希望がかなえられた事例は、筆者の白鳥での聞き取り調査では二件のみであった。

本家と分家

本家から見て南あるいは東の方角に分家を出すことは嫌われる。東は家相上良い方位であるが、そうすると分家の方が本家よりも家相が良くなるとして嫌われる。南は最高の家相であるが、分家した時が最高で、その後は家運が傾いていくとされる。これは太陽は南にある時がもっとも高く、次第に西に傾いていくことに喩えて説明されている。そのため、ほとんどの家が真南あるいは真東には新宅に出ていないといわれている。

屋敷地の形状の吉凶

まず、土浦市における屋敷地の形状の吉凶を確認しよう。『土浦市史民俗編』によると、よい屋敷地の条件として、「基本的に日当たりのよい、水はけもよい乾燥地で、冬の季節風を避けられ、しかも平である」土地が好まれ、「このためには、屋敷の前面が南東・南・東にひらけ、うしろは、山・丘・土手・森などで高くふさがった位置がほとんど選ばれてきている」とされる。さらに、集落ごとの屋敷地の条件として、「より広く活用できるように正方形・長方形などが良いとされ、三角屋敷は嫌われている（殿里《とのざと》）」「乾《いぬい》（北西）の方角がふくれている地形がよいとされる（宍塚《ししつか》・粕毛《かすげ》）」「耕作に便利な位置（常名《ひたな》）」「屋敷の周囲が道路に囲まれていないことが望ましい（粟野《あわの》）」「門口があまり多いのは良いとされない（乙戸《おっと》）」などの条件があげられている。

白鳥では、屋敷地の形状として、四角や長方形などの四角形の屋敷地が基本的に好まれており、極端に出っ張りがあったり、欠けている形状は嫌われる。

キンチャク屋敷

図15のように白鳥町の中心を、北東に延びた宿通《しゅくどお》りと呼ばれる道路が集落を分断している。宿通りの北側の家々の屋敷地の形状は、多少広さや奥行きにばらつきや張り・欠けはあるが、ほぼ東南向きの長方形である。好まれる屋敷地は、道路に面した部分、あるいはカドグチと呼ばれる屋敷地の前面が屋敷の裏より

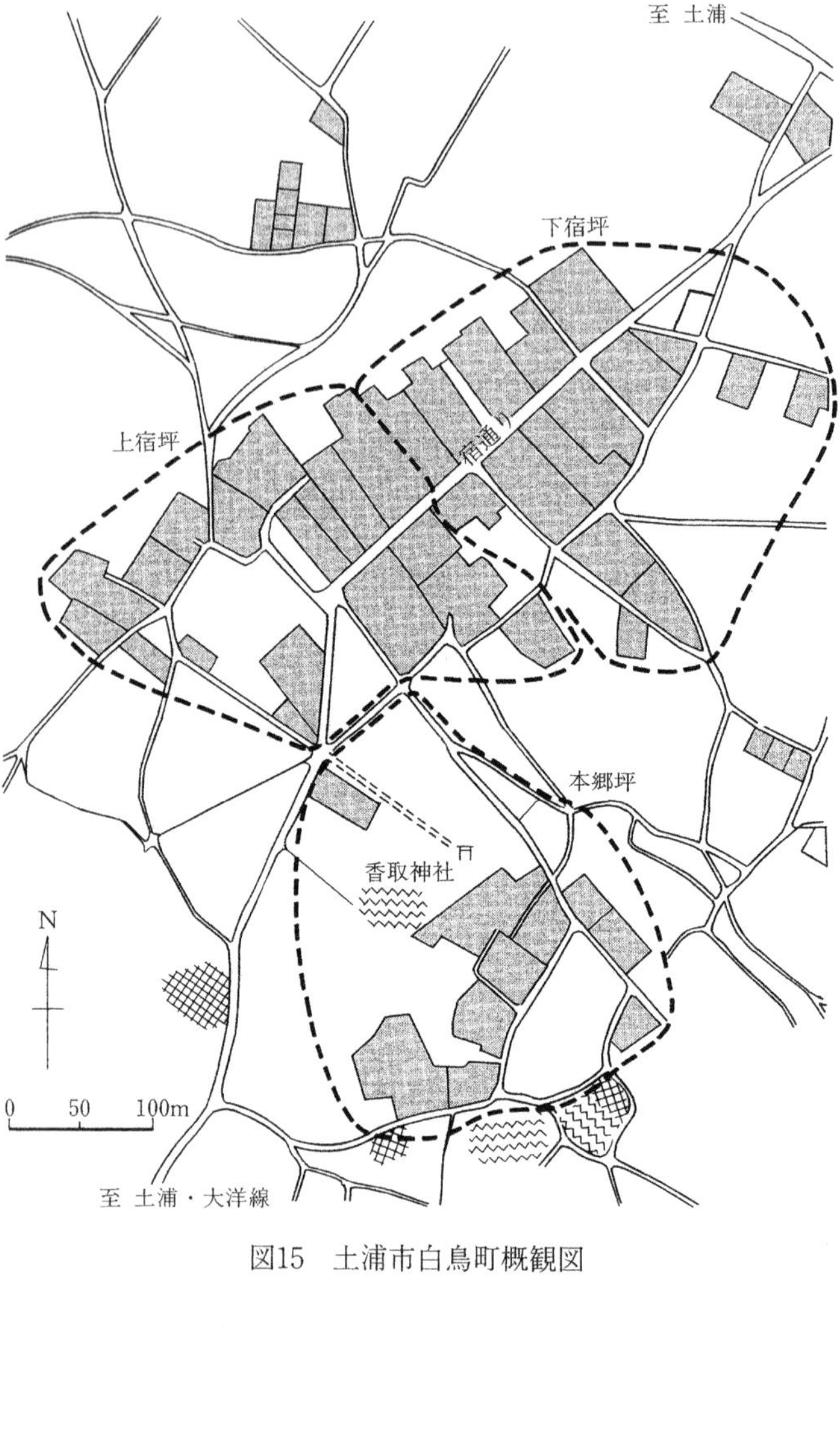

図15　土浦市白鳥町概観図

も多少狭くなった形状の土地である。こうした土地は図16のように、キンチャク屋敷とか「末広《すえひろ》」と呼ばれて好まれる。幸運やお金など「福」をためる屋敷地であるという人もいる。これとは反対に、屋敷の裏よりも前面が広くなっている屋敷を「ツキが逃げる」「お金がたまらない」「お金がどんどん出ていく」といって嫌う人もいる。

三角屋敷　もっとも嫌われる屋敷地の形状は三角屋敷である。三角屋敷とは、屋敷地の周囲を道路が囲んで三角形をした土地である。白鳥集落にはこうした三角形の屋敷地の家が数戸ある。そうした家では、三角形のその境界部分に塀を立てたり樹木を植えるなどして、三角形を意識しないで済むように処理している。つまり、図17に示したように台形の屋敷地として認識するのである。

分家に出る場合、できるだけ日当たりや水の便が良く、良い地相の土地を求めるのは人情である。しかしながら、希望通りの土地を入手することは非常に困難である。実際のところ理想的な屋敷地はほとんど存在しないし、仮に存在しても本家が所有しているとは限らない。所有していたとしてもそのような良い地相の土地を手放すことは滅多にない。とくに元の屋敷があった場所、元屋敷はよほどの事がない限り手放さない。したがって分家に出る場合は、希望する地相の屋敷地を得ることはほとんど不可能なのである。

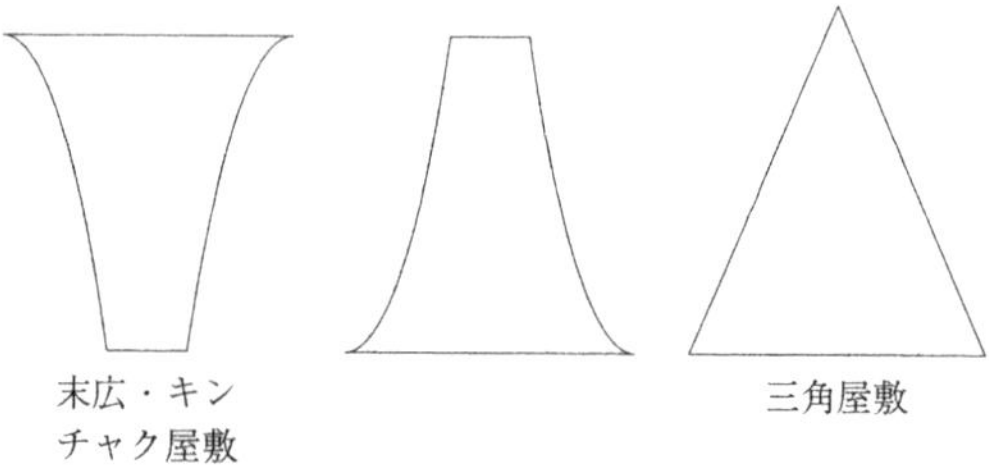

図16　白鳥の屋敷地の形状の吉凶

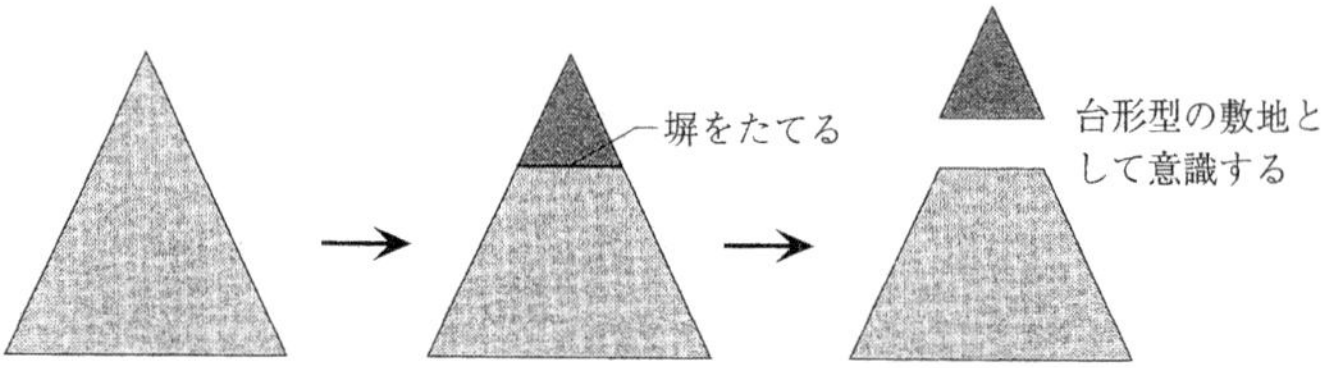

図17　三角屋敷の処理

屋敷地の高低

次に、屋敷地の高低とその吉凶についてみていこう。好まれるのは屋敷地の西ないし北側が高くなっている土地である。元からそうした地形の屋敷地もあるが、そうでない場合には自分で土砂を運び込んで高くしている家もある。これは地相上の意味もあるが、茨城県南部では、冬季間の強い北西の季節風を防ぐという理由からでもある。また、西日を防ぐという理由もある。屋敷地の西北側に屋敷林があり、竹、杉、欅《けやき》などが植えられている。

逆に東ないし南側が高くなっている屋敷地は嫌われる。これは東から南が高いと日中太陽があたらないからである。こうした形状の屋敷地は病人が絶えないといわれている。

もっとも好まれる屋敷地は西ないし北側が高く、東から南にかけて低く、広く開いた土地である。その理由は、冬の季節風や夏の強烈な西日を避けることができ、一年を通じて朝から夕方まで一日中日当たりが良いからである。

カドグチ

屋敷地の選定においてその他に留意されるのは、カドグチと呼ばれる屋敷の出入口の場所と方位である。カドグチを屋敷地の角に設置することは嫌われる。屋敷地の角が欠けると財産を失うとされるからである。また、カドグチが広すぎるのはお金を浪費し財産を失うとされる。財布の口が広いのと似ているからだと説明される。最悪の方位である鬼門と裏鬼門にはカドグチを絶対に作らない。あらゆる不幸に見舞われると信じられている。鬼門と裏鬼門の方位にあたる場所には、ヒイラギ、柚子《ゆず》など、トゲのある樹木を植えておくと鬼門避けになるといわれている。また、カドグチは、真東・真西・真南・真北を嫌い、多少方位をずらした方が良いとされている。一般的には真北にカドグチを付けるのは嫌われ、東から南にカドグチを付けるのが好まれる。

カドグチ以外にウラグチと呼ばれる出入口を付けている家も多い。しかしあまり出入口が多いと「福が逃げる」などといわれる。ウラグチがカドグチに面している道路とは別の道路や裏のヤマにつながっている家もある。宿通りの北側の家々は、屋敷地の裏側に細い通りをもうけ、ウラグチから抜けられるようになっている。こうした裏通りがあるのは旧家に属し、家相的にも良いといわれている。またウラグチの脇にも盗難避けに、トゲがあるヒイラギを植えている家もある。カドグチやウラグチの位置は、道路の変更だけでなく、家相上の問題からも変更されることがある。

理想と現実

以上、白鳥で得られた屋敷地を選択する際のさまざまな要件とその理由を述べてきた。現実に、こうした要件を考慮して屋敷地が選定されるのである。そして、最高の屋敷地の形状と家相を組み合わせることにより、吉が得られると考えられている。屋敷地の形状は、風水ではとくに重視される。沖縄をフィールドとした渡邊欣雄の研究などによっても明らかにされている。また、陰陽道書や家相書においては屋敷地の形状が重視され、さまざまな形状の土地の吉凶が掲載されている。

しかし、白鳥で得られた事例は「前狭後広型」「前広後狭型」「三角型」の三型式のみである。中にはセンゲンサマや方位師などから、屋敷地の形状にもいろいろ吉凶があることを聞いて知っている人、個人的に学習して家相の知識がある人もいた。ある人は、丸い形状の土地がもっとも良い地相の屋敷地であると説明してくれた。たしかに木割書『愚子見《ぐしけん》記《き》』では円形型の屋敷地は大吉とされている。しかし、現実には丸い形状の敷地など存在しないし、仮に存在したとしても使い勝手のことを考えると、いくら最高であっても住みたいとは思わないという。また、屋敷地の形状の知識がある人で、その実現を望んでも現実には不可能であるという話もしばしば聞いた。つまり、陰陽道書や家相書、あるいは方位師がさまざまな屋敷地の形状の吉凶を提示しても、理想とされる屋敷地を得ることは困難である。社会的関係・経済力・地形上の問題・道路との関係といった要因により、理想を実現することはきわめて困難である。

つまり、『簠簋内伝《ほきないでん》』などの陰陽道書や家相書の理論から導かれた屋敷地の形状は机上の空論に過ぎない。現実にはその知識を取捨選択して受容しているのである。

理想の地相と家相を求めて

では現実の暮らしのなかで、白鳥の人々がいかにして理想とする地相に近付けようとしているかというと、次に述べる二つの方法がある。

まず第一の方法は、自己の屋敷地の形状を人為的に改良することである。先に述べたように三角屋敷の場合は、三角形の角に塀を設けたり樹木を植えるなどして四角形に近付けたり、西北が低い場合には屋敷林を植えたりする。あるいは、カドグチの場所を変更したり、鬼門・裏鬼門にヒイラギや柚子などを植えたりする。

第二の方法は、逆説的ではあるが、理想の地相を求めることを断念することである。つまり屋敷地を理想の形状にして「福」を得るという考え方を捨てて、家相を良くすることによって、屋敷地の地相の足りない部分を補い、かつ家相によって「福」を得ようとする方法である。もちろん、上述した屋敷地の人為的な改良をすっかり放棄したわけではないが、改良は所詮手直しに過ぎず、根本的な解決にはならない。このため家相の方を重視しようとする考え方である。一般的に先祖伝来の屋敷地を捨てて、別の場所に理想の屋敷地を求めることなど考えられないし、先祖から継承した屋敷地に大きく手を加えることも気が咎《とが》めるという。したがって、第二の方法は多くの人々によって支持されており、センゲンサマや複数の大工からも同様の話を聞くことができた。ある方位師は、土浦市の旧市街地などでは、藩政時代の町割りがはっきりしているため、地相を良くすることは絶望的であり、そうした場所では家相によって少しでもその家を良くする他には方法がないと語っている。この地相よりも家相を重視すべきであるという考え方は、家相説の展開を考える上で重要な示唆を与えてくれる。

地相を重視し、理想の屋敷地の形状を実現するには、広い土地を所有し、財力や政治力に裏付けられた実行力が必要である。したがって、それが可能な階層はごく限られる。換言すれば、地相を重視し屋敷地の形状を理想的にするのは庶民にとってほとんど不可能なのである。とくに都市部に住む人々にとっては、絶望的である。つまり、地相を重視すべきだという考え方は、庶民には受容されにくいといえる。

それに対して、家相を重視すべきであるという考え方は、地相重視の考え方と比較すると、実現の可能性がはるかに高い。新築の際には、建て主の家相を重視したいという意向を容易に反映することが可能で、屋敷内の付属建物も簡単に増改築できるからである。

従来の風水研究において、日本の陽宅風水は、地相よりも家相を重視する点が特徴的であると指摘されているが、その一因として、地相よりも家相の方が受容し易かったからと考えられる。屋敷地の形状、地形に関する報告は、現段階では非常に少なく、今後この分野に関して一層事例研究が必要であろう。

家屋の普請

建て主による間取りの検討

家屋の普請は一世一代の大事業である。建て主とその家族は、間取りの検討にあたり、親類や村人などからいろいろな助言を得て、それを参考にさまざまな角度から、理想的な間取りを慎重に検討していく。

こうした助言の中には、自分たちが知らなかったことや気づかなかったこと、他者の住生活と普請に関する豊富な体験が含まれている。その結果は間取りを検討していく上で直接・間接的に影響を及ぼしていく。家相も検討すべき要素である。白鳥における家作りにおいて、家相を中心としてどのような点が注意されるのかみていきたい。

白鳥の家相

白鳥で得られた間取りの検討に関する留意事項を順番に紹介していこう。

〔カドグチ・玄関〕　屋敷地の出入口であるカドグチと母家の出入口である

玄関は、一直線上にならないように多少ずらされる。一直線上に並ぶと「お金の出入りが激しくなり家が傾く」とか「盗人が入りやすい」といわれ嫌われる。これらの位置関係を白鳥の全戸について調査すると、たしかに全戸でカドグチと玄関が一直線ではなく、左右にずらしたり、いったん直角に曲って入る形になっていることが確認された。

〔門・カドグチ〕　門・カドグチは東あるいは南向きが良い。出入りが良過ぎると、お金の出入りも良過ぎるようになり、財産がたまらない。西向きは嫌われる。

〔隣との関係〕　母家《おもや》はなるべく隣家の母家と並ばないように建てる。また蔵、倉庫、作業場、木小屋など他の建物も、それぞれ並ばないように建てる。これは火災の際の延焼の防止と良好な陽当たりを得るためである。

〔蔵〕　蔵は東南の方位・辰巳《たつみ》に建てるのが好まれる。これはタツミグラと呼ばれ、家が繁盛するとされる。西に建てるのは嫌われる。また、蔵はなるべく母家から離して建てるようにし、母家が火事になったときでも蔵に延焼するのを防ぐ。

〔井戸〕　井戸を乾《いぬい》（北西）に掘ることは嫌われる。井戸を潰すときには、イキヌキといって、きれいな砂をまいて浄め、イドガミサマが息をできるように三尺くらいの竹の先を四つ割りにしたものを土に刺して埋める。竹が腐ってボロボロになったら、井戸がおさまったことになり取り壊し工事が可能となる。

〔母家の向き〕　ホンミナミ（真南）向きは、あまり良くないとされ、辰巳《たつみ》（東南）向きが好まれる。鬼門《きもん》向きは絶対に避けられ、西向きや北向きも嫌われる。

〔隠居屋（書院）〕　鬼門の方位に建てるのは嫌われる。また、母家の中心よりも前に建ててはならないが、後に建てるのは良いとされる。

〔土間《どま》の位置〕　母家の土間が正面から見て右側にある家をミギマエ、左側にある家をヒダリマエと言う。ヒダリマエの家は、「死人が出る」とか「財産を失う」といって嫌われる。財産が少なくなることを「左前になる」というから、嫌われると説明する人もいる。

〔便所〕　鬼門に不浄物を置くと大きな災難に見舞われるので便所を設置するのは嫌われる。また、北の方位に建てることも嫌われる。

〔仏壇〕　仏壇は明るい部屋に置くことが好まれ、家族が集まる部屋に置くのが良いとされる。

〔神棚（ダイジングウサマ）〕　神棚は南向きが良く、出入口を向くようにするのが良いとされる。

〔囲炉裏《いろり》・竈《かまど》〕　白鳥では囲炉裏が昭和三〇年頃まで、竈は昭和三〇～四〇年頃まであった。囲炉裏・竈があった頃は、これらを一直線上に並べて設置するのは嫌われた。

〔竈・流し・風呂〕　竈・流し・風呂の三つは、母家の中ではなく、下屋《げや》を出して母家から離して設置するか、別棟に置くのが好まれる。

〔鬼門〕　鬼門には何も建ててはいけないが、倉庫はいいとされる。この方位にあたる土地は乾燥していた方が良いとされる。また壁や塀などでふさぐとよいとされる。便所・ドブ・流し・家畜の小屋などの不浄物は置いてはいけないとされる。

〔建築資材〕　神社の木を切ってきて建築資材として使用するのは良くないが、墓地に生えている木を切って用材として使用するのは良いとされる。雷が落ちた木は良くない。以前は建築用材として、土台には欅《けやき》・栗など堅い樹、柱には杉・松、梁《はり》には松が使用された。それらの樹種は耐久力があり強度が優れているからである。

檜《ひのき》は、火柱《ヒバシラ》と呼ばれ、「火柱が立つ」といわれて嫌われた。最近は、逆に檜は美しく耐久性があるので座敷まわりや床柱などに良く使用されている。

以上の諸点を留意し、間取りが計画される。当初の希望がそのまま実現することもあろうが、ほとんどの場合には何かしら不都合な点が出てくる。その際には大工や建築士は建て主と相談し、建て主の希望に沿うように間取りを決定する。

大工の家相

〔カドグチ・玄関〕　カドグチは屋敷地の正面の中心には作らずに、左右どちらかに少しずらして作る。玄関も同じように、母家のやや左か右にずらして作る。また、カドグチから玄関へのアプローチは、真っすぐに一直線にするのではなく、左右どちらかにずらしたり、直角に曲るようにする。カドグチを屋敷地の角につけるのは凶とされ、角が欠けるため財産を失うといわれている。

〔玄関〕　鬼門、裏鬼門の方位には作らない。また真東、真西、真南、真北には向けないで、各方位から少しずらして作る。

〔母家の高さ〕　母家の柱は、最低でも一〇尺以上の高さの柱を使い、ほとんどの場合は、一三尺の柱を使用する。

〔母家の向き〕　辰巳向きがもっとも良く、多少方位をずらして建てる。

〔主人の部屋〕　主人の寝室は、母家の他の畳の部屋よりも低く作るのは凶とされる。子供部屋などは低くても構わない。

〔四畳半〕　母家の裏側に四畳半の部屋を作ることは、病人が絶えないとされ凶である。とくに、半畳の畳を真ん中に敷くのは、昔、武士が切腹をする間の敷き方なので嫌われる。

〔竈・掘り炬燵《ごたつ》・ガスコンロ〕　掘り炬燵は真四角ではなく、長方形にする。また、他の火を使う場所と一直線上には並べない。竈は、西向きは凶。ガスコンロの近くにドアを付けるのは嫌われる。鬼門の方位には置かない。

〔便所〕　鬼門の方位には便所は作らない。南向きも凶。また、廊下から便所へのアプローチは一直線にするのではなく、ややずらしたり曲げたりする。

〔風呂〕　風呂の竈は北向きは凶で、東か西に向ける。また、風呂・竈は別棟に建てる方が良いとされる。

〔流し〕　台所の流しは東向きが良く、風呂の場合は南向きが良い。

〔仏壇〕　仏壇は母家に設置し、下屋や階段の下に設置するのは嫌われる。広間に南向きに設けるか、茶の間に設けられる。

〔神棚〕　神棚は広間に設置することが良いとされる。また、神棚の下はなるべく人が通らないように作る。

〔窓〕　鬼門の方位には窓を作らない。また西・北側には大きな窓を作らない。逆に東・南側には大きな窓を取り付けたり、開口部を大きく取る。

〔増築〕　母家の東に建て増しするのは大凶で、母家よりも高い建物を建てることも凶とされる。

〔柱〕　鬼門の方位に柱を建てるのは凶。檜はヒバシラといって、戦前までは嫌われた。現在では、檜は建築用材としては非常に人気がある。茨城県新治《にいはり》村の大工によると、一九六〇年代後半に、ある家の隠居屋の仕事をした際に、息子は檜を使用しようとしたが、その家の老婆（当時八〇歳くらい）が、檜はヒバシラだからといって、反対して檜を使えなかったことがあったという。この大工の経験では、これが檜を嫌って使用しなかった最後の仕事だったという。

〔サカキ（逆木）〕　木材には根元と木末《こずえ》があり、柱を立てる場合には根元を下に木末を上に成長の方向に合わせる。これを逆にすることをサカキ（逆木）といい嫌われる。逆に墓標にする場合には、サカキにする。以前は、建築用材はほとんど日本産だったので、木元は太く末は細く、年輪がはっきりとしているので、元と末は簡単にわかった。最近は外国産の材木が増えたために、わかりにくくなった。とくに熱帯地方から輸入された木材は、年輪がないためにサカキを避けたくてもできなくなったといわれる。

〔寸法〕　四×二間の隠居屋は凶とされる。語呂がシニケン（死に間）となり縁起が悪いので嫌われる。また、四寸二分という寸法も柱などでは嫌われた。三×六間はサブロクといい、「少し克ちすぎるのであまり良くない」と言われ、ぜいたくだということで嫌われた。

〔池〕　南の方位の池は、流水以外は大凶になるために作らない。

以上が大工が間取りを検討する際に留意する家相である。大工の家相の知識は、前述した民俗レベルのものと比較すると、各項目の説明がより具体的で詳細になっている。また、母家の高さ、増築、サカキ、寸法など建築の専門知識に関連する点が特筆される。

神主・方位師・易者

間取りの検討で、大工以外に大きな影響力をもっているのが、神主・方位師である。大工と間取りの相談を行っている間に、彼ら

に間取りの家相を見てもらう人が多い。どの段階で家相を見てもらうかというと、大別して、

①建て主の希望の間取りの青写真ができ上がった段階
②大工との相談を通してほぼ間取りが決められた段階
③大工との間で最終的な間取りが決定された後

の三段階に分けられる。いずれの段階にせよ、ある程度、間取りの計画ができてから家相を見てもらう。

家相判断の相対性

白鳥では、村社の香取《かとり》神社の神主、近隣の石岡《いしおか》市三村《みむら》のセンゲンサマ、土浦市内の方位師に見てもらう家がほとんどであり、そのうちの誰か一人に判断してもらうことが多い。なぜなら、判断者によって判断の観点や内容が違うために、どれを信じたらよいのかわからなくなるからである。センゲンサマは年回りなどの暦判断を重視するが、神主は重視しない。これだけでも、時間の運行に連動した方位の吉凶と固定化された方位の吉凶の違いが出るため、同一方位でも吉凶判断が異なってくる。

白鳥のある人が、複数の方位師に家相を見てもらったところ、ある方位に火の相が出た。その方位師は何も建ててはいけないと判断したが、別の方位師は火を押さえるもの、たと

えば井戸とか流しのように水を使用する場所には吉であると判断した。このため、どちらを信じていいのかわからなくて困ったという。

この事例は、方位の解釈は同じだが、その後の対処法が異なることに起因している。白鳥の人々は、こうした家相判断の相対性を知っているため、「誰が良く当たる」とか「誰に見てもらった」などと世間の評判を参考にして、誰か一人だけを選んで家相を見てもらう人が多い。すなわち人々は家相判断には厳密な部分がある一方で、柔軟性が潜んでいることを経験的に知っているのである。

家相による間取りの変更

神主・方位師の関与の結果、間取りが変更されることがある。多くの場合は、前述した段階の①②の段階で行われることが多い。

白鳥では、ある家で新築した際に、家相上の理由から母家の右側に計画していた台所の位置を変更したことがあった。また別の家では、家族で話し合って間取りを計画したが、工事の直前になって家相が気になり、神主に見てもらったところ、元の便所の位置に問題があったため計画を変更している。

白鳥以外の地域の例としては、隣町で建築設計事務所を営んでいる人も、何度も家相上の理由から、計画の変更を相談されたことがあった。またほとんどの大工は、建て主から家相上の理由で間取りの変更を求められた経験がある。こうした場合には、建て主が満足する家相に合わせて計画を変更する。

設計の変更を求められてもっとも困るのは、③の段階、つまり最終的に間取りを決定した後で変更を求められることである。極端な場合には、工事の直前や基礎工事が完了し、柱を建て始めてから変更を迫られた大工もいる。

このような事態は、建て主側にも大工にも、経済的な問題、工程管理上の問題、さらに人間関係など、さまざまな面で負担が大きい。それにもかかわらず、建て主は家相が悪いと変更を求めるのである。今日でも家屋の普請において家相が重要視されていることを示している。

このように、間取りの選定では、家相が非常に重視され、建て主、大工、神主・方位師の三者がそれぞれの段階で検討するのである。

白鳥の民家

民家の向きと土間の位置

次に、こうして建てられた白鳥の民家の実態について検証していこう。

表21は、白鳥の民家を母屋の向き、土間の位置別にまとめたものである。住宅の正面から見て右側に土間がある右勝手（ミギマエ）の家が圧倒的に多く、嫌われている左勝手（ヒダリマエ）の家は五軒しかなく、ミギマエの間取りが好まれていることが判明した。

また、白鳥の民家のほとんどは、東南向きに建てられている。興味深いのは、宿通りに面している家の向きである。宿通りは、ほぼ東北から西南に延びている道路で、宿通りの北側に面している家は、通りと平行に家を建てれば自然と東南向きになる。逆に南側の家は、通りに面して家を建てると、通りからの出入りは便利だが、家の向きが北西向きにな

表21　白鳥の住宅の土間の位置と住居の方位

	氏名	土間の位置	母屋の向き	備　考
本郷坪	A.H	—	W270	
	W.Y	右勝手	SE120	
	F.H	—	SE120	
	H.T	右勝手	SE150	家相図
	H.S	—	SE140	2F建て
	Y.G	右勝手	SE140	
	T.K	右勝手	SE170	
	A.M	左勝手	NE70	
	A.C	—	SE150	
	O.K	右勝手	NE70	
	T.Y	右勝手	SE160	家相図
上宿坪	H.Z	右勝手	SE145	
	K.S	右勝手	SE150	
	H.S	右勝手	SE140	2F建て
	K.H	—	—	
	H.T	右勝手	SE120	
	H.I	右勝手	SE120	
	H.M	右勝手	SE120	
	H.G	右勝手	SE120	
	K.A	右勝手	SE120	
	H.T	—	SE130	
	H.M	—	E90	
	H.T	右勝手	SE110	
	T.I	—	SE130	
	H.M	右勝手	SE160	
	H.H	左勝手	SE150	家相図
	H.Y	右勝手	SE160	
	H.T	右勝手	SE150	
下宿坪	S.Y	右勝手	SE140	
	K.M	右勝手	SE130	
	H.S	右勝手	SE140	茅葺き
	H.S	右勝手	SE140	家相図
	S.H	右勝手	SE130	
	K.S	—	—	
	Y.M	—	SE160	
	Y.N	左勝手	SE160	
	K.H	—	SE170	
	A.M	—	S	
	H.S	右勝手	SE120	長屋門
	T.T	右勝手	SE120	
	H.S	左勝手	SE150	
	H.H	左勝手	S	
	H.G	—	NE80	
	H.Y	—	—	新築中

①土間の位置の項目で，「—」は，土間がないことを意味する．ただし，玄関の位置が正面から見て右側にある住宅が多かった．

②住宅向きは各家の玄関，あるいは屋敷地の入り口で玄関の正面に相当する場所で玄関の正面の向きの方位を測った．ただし，厳密に方位を計測できなかったため，10-15度くらいの誤差があると考えられる．

③Sは南，Nは北，Eは東，Wは西を示す．

り、陽当たりが悪くなる。宿通りの南側の多くの家は、家の玄関などの出入口を宿通りに面して建てずに、東南向きに向けている。つまり、家の正面を東南向きに建てた家が多く、宿通りに家の裏側を向けているのである。白鳥では東南向きに家を建てることが好まれているのである。

増改築と家相

白鳥のほとんどの住宅は、建築後に何らかの増改築が施されている。時代の変化と各家の事情によって、隠居屋（書院）の増築、若夫婦の部屋（離れ）の増築などが行われている。とくに戦後に始まる生活の大きな変化は、住宅の増改築をうながし、便所・台所などの増改築が盛んに行われた。

住宅改善運動と台所改善

戦後、生活改善運動が進められる過程で、合理的で機能的な住宅の確立が目指された。土浦市真鍋《まなべ》に農村改良普及所があり、普及員が各家を訪れた。彼らは家相を迷信として否定する一方、台所の改善を指導した。すなわち伝統的な竈は改良型竈と呼ばれるレンガ製で煙突の付いたものに置き換えるように勧めた。またカッテバの竈の奥にあった流しも、立って作業する型式に、その配置も機能的で合理的な配置に並べることを勧めた。さらに最近では、土間を板敷きに改造してダイニング・キッチン形式にすることが勧められている。

しかし、このような合理的改善から残った部分もあった。人々の意識である。火を使う場所は、家相ではとくに慎重に判断される部分である。竈・台所の改善がされる場合には、その向き・場所・工事期間が慎重に判断された。ある家では、一九九〇年頃に土間を板敷きにしてダイニング・キッチンにした。このため、別棟にあった風呂も母家に移し、台所の流しもステンレスに改造した。その際、工事に先立って土浦の方位師に家相を判断してもらい、まず改築する部分に一週間毎朝、水と塩をまいて浄める方位除けをし、工事も五月頃までは歳回りが悪いので、五月を過ぎてから行われた。

このように住宅の近代化を目指した台所改善においても、皮肉なことに家相が考慮されたのである。

書院・離れの増築

白鳥の上層の住宅では、母家に書院と呼ばれる数寄屋造りの離れを設けることが多い。通常、書院には隠居した老夫婦が住んでいる。書院は、六畳～八畳の畳み敷きの部屋の二間続きで、その一つには床の間がついている。

書院は母家の建築後に建てられる場合が多く、家相を考えて建てられる。書院・離れは、比較的大きな建物であり、家相のバランスが崩れるので、改めて家相を見てもらったり、家相図を描いてもらった家もある。

A家では、書院を増築する際に、センゲンサマに家相を見てもらった。同家の書院は、建築工事の最中に建て主が怪我をしたために、再度センゲンサマに見てもらい、設計を変更した。

B家では、昭和五二年（一九七七）に隠居屋を建てた際に神主に家相を見てもらった。そして屋敷地の東に杉が植えてあったが、東に植えてある杉の方位が良くないため、その木を切って用材にした。

C家では、平成二年（一九九〇）に母家の裏に老夫婦のための離れを建てた。同家には大正四年（一九一五）頃に描かれた家相図があり、この図面をもとにC氏が自分で方位を判断し、離れの間取りを決めた。

書院・離れの増築においても、家相を判断して建てられている。新築時との差異は、母家との方位、前後の位置関係といった屋敷全体の家相のバランスが考慮される点である。そのため、家相図を所有している家では、図を参照して建築場所などを決定する。

便所　便所の位置は、とくに家相では重視されるため、その増改築の際にも慎重に判断される。D家では、一九七〇年頃、出入りの大工から、厩の横にあった便所の位置が家相上あまり良くないといわれた。そこで、方位師の小野静堂に家相を判断してもらい、便所の位置を決定した。その後平成三年（一九九一）に、吉と判断された場所に便所を建てた。

E家では、家相を見てもらって離れを建てた。便所の位置も家相にしたがって計画したが、水洗便所のため下水用の土管を配管しなければならなかった。しかし、母家との位置や下水管との関係から、配管工事が非常に難しく、便所の位置を変更するように大工にいわれた。しかし、建て主は家相上、他に便所を建てていい場所がないために計画の変更を拒み、便所の位置は変えずに母家の土台の一部を取り除いて配管するという手間をかけて建てられた。以上のように、便所の位置は非常に注意されるのである。

蔵・納屋　蔵を増築する際にも家相を判断し、できれば辰巳の方位に蔵を建てるようにする。F家では、昭和四〇年（一九六五）頃に納屋の増築にともない蔵を移動させた。その時は、センゲンサマに家相を見てもらった。なるべく良い家相の場所に蔵を移動させたかったが、屋敷地の関係や他の建物との兼ね合いがあり、最高ではないが、ほど良い場所に移動させた。

便所・蔵・納屋・作業場・木小屋などは解体することなく移築が可能なために、他の建物を増築したときや家相が悪いときなどには、その位置を変更することがある。家相上の凶方位を避け、なるべく相互の建物を離し、棟の方向をずらして建てるのである。このように増改築に際しては、バランスよく配置することが重要になる。つまり家相は、住宅を新築したときに固定化された絶対的なものではなく、その後の増改築などにより変化するのである。

戦後の急激な生活の変化は、住宅それ自体の合理化・近代化を進め、住宅の増改築という形で白鳥にもその波は押し寄せてきたが、その合理化・近代化にもとづく増改築工事は、一方で家相にもとづいて設計されたのであった。

もともと民家は、構造的にも増改築が可能であり、実際に増改築を繰り返して、今日まで存続してきた。増改築の機会が多いということは、それだけ家相を判断してもらう機会も多かったことを意味する。その際により良い家相を求める人もいる。その人は「家相は、一代では完全に良くすることができないもので、三代くらいかけて段々と良くしていくものだ」と語った。この言葉は、一回の普請だけでは、なかなか良い家相の家を建てることは不可能だが、三代くらいかけて増改築をすることによって、より良い家相の住宅を得ることができることを意味している。つまり、増改築に際しては、母家を中心にして付属建物をバランスよく配置することが重要であり、建物を増築するなどそのバランスが崩れたときには、再び家相を判断してもらうのである。

災因論としての家相

不幸の説明

何かしら不幸が続いたときに、その要因を家相に求めることがある。ここでは、住居・屋敷地がどのように不幸の要因として説明されているのか、具体的な事例を通して検討していきたい。

〔事例1〕　一九八五年頃、白鳥に火事で全焼した家があった。夏の土用の日は屋敷内の土をいじってはいけないとされているが、その禁を犯したところ、その家はしばらくして火事にあった。直接の火事の要因とは別に、土用の日に屋敷地の土をいじってはいけないのを破ったから火事にあったと噂されている。

〔事例2〕　ほとんどの白鳥の住宅はほぼ東南向であるが、北向きの家もある。昔、その家はすぐ裏にあった本家から分家して家を建てた。そのため母家を北向きに建てた。しかし、子供の火遊びで火事になり焼け落ちてしまった。そこで今度は、東向きに家を建てた。北向きの農家では色々不便な点が多いためである。しかし、建て変えて間もなくして、また近所の子供の火遊びで新居が火事で焼け落ちてしまった。そこで、東向きは何かしら障りがあるのではと考えて、元の家のように北向きに家を建て替えた。

〔事例3〕　ある家が書院を増築したときに、建築予定地に邪魔になる石があったので取り除いて工事を始めたが、家の主人が転んで足を骨折してしまった。普請の最中のことなので、気になった主人はセンゲンサマに聞きにいった。すると、邪魔だと思って動かした石は、氏神さまの祠に行く道の踏み石であることがわかった。センゲンサマは、「その家の一番大切な場所なのに、その通り道の踏み石を邪魔扱いしたので氏神さまが怒って主人の足を傷つけた。通り道を邪魔したから足を怪我したのだ」と説明した。そのため石を元の場所に埋め直し、書院は場所をずらして建てた。

〔事例4〕　ある家が屋敷にプレハブの倉庫を建てた。しばらくして、家族が怪我をしたり、病気で寝込むことが続いた。これは倉庫を建てたことが何か障りになったのではないかと考えて、センゲンサマに聞きに行った。センゲンサマは、プレハブのような地面に土台を埋め込んだりしない建物や仮の建物は、家相上はまったく関係がないといい、別の要因をいった。

〔事例5〕　ある人がセンゲンサマに行ったときに、自分の前の人が相談しているのが聞こえてきた。その人は家に不幸が続き、その要因は屋敷に植えてある樹木のせいではないかと尋ねた。ある種の木は屋敷の中には植えてはいけないと聞いたことがあったので、興味を抱いて聞き耳を立てたところ、センゲンサマは木が要因で不幸になることはなく、それは迷信だとし別の要因をいった。その人は、木の吉凶の言い伝えは迷信なのかと思った。
〔事例6〕　ある家で三代続いて婿取りが続いた。白鳥では「婿三代続くと家がつぶれる」といって、好まれない。しかしその家は先代（二代目の婿）の代に、一時傾いていた家が持ち直して非常に栄えた。その理由の一つとして、家相が非常に素晴らしく、運を集めたからだといわれている。
〔事例7〕　ある人が知人から、大神宮様（神棚）の方位が悪いから直した方が良いといわれた。しかし、何かがあったのなら動かしたかもしれないが、神棚は家を建てて以来この場所にあり、またとりたてて何か悪いことが重なったり、なにかしら障りがあるわけでもないから、変えようとは思わなかった。また、何か悪いことが起こったときに、家族が気にするといけないので、家族の者には内緒にした。
〔事例8〕　ある家で頭の病気を患った女性がいた。原因不明でなかなか治らないため、神主に相談したところ家相が悪いといわれた。その家の南にある村の消火用の貯水池が原因と判断した。家相上は真南の腐《くさ》れ水《みず》はもっとも悪いからである。貯水池はたしかに流れだす所がないために水が淀んでいたが、消火用の池なので水を取り替えるわけにもいかなく、また場所を移動することも難しかった。村の寄り合いなどで色々話し合ったが、家相上悪いから移動してくれといっても、そんな迷信のような話を強引に押し切るのも無理があり、経済的な問題もありもめた。ところが、うまいことに都市計画で新たに別の消火用の設備を作ることが決まり、貯水池の水を抜くことができた。それから女性の病気は良くなった。

〔事例9〕　ある家で納屋を増築することになった。当主が方位や年回りをセンゲンサマに見てもらったところ、建設予定地が暗剣殺《あんけんさつ》に当っていたため、普請を来年以降に延期するようにいわれた。当主はもっとも悪い年回りなので普請を延期することにした。しかし、息子は、そうした年回りや家相などは迷信であるといって、勝手に予定通りに工事を進めて納屋を建てた。ところが、その納屋が完成した日のちょうど一年後に、息子が交通事故で亡くなった。皆、センゲンサマのいうとおりにしていればと後悔した。

〔事例10〕　ある大工が頼まれた工事が予定より遅れていたために、日が悪い時に仕事をしたところ、なんでもないことで大怪我をしてしまった。日が悪い時に仕事をしたのが原因であると噂された。この類の話は大工にはよくある。

次に、これらの事例を建築する過程に関わるものと、建物が建った後に関わるものの二つに分類すると、前者が事例1・3・9・10、後者が事例2・4・5・6・7・8である。

建築工事の過程に関わる事例

建築過程に関わる事例はすべて時間の禁忌を犯したものである。

事例1は土用という陰陽書や暦などでもっとも忌み嫌われる日を犯したことが要因とされており、禁忌とそれを破った結果を明快に示すことにより、忌み日を犯すことの危険性が強調されている。

事例3では「普請の最中」という時期が「足の怪我」を意識する一つの要因となっており、怪我をした時期を意識している点に特色がある。このことから普請の時期は、何かしら日常生活の些細なことまでが意識されていることを物語っている。「普請の最中の足の怪我」が何らかの意味をもつもの、メッセージとして認識され、その意味を解決するためにセンゲンサマに聞きに行くというこの主人の取った行動は、決して特殊なものではない。何かしら原因不明の病気が続いたり、不幸が続いたときなどには、その病気や不幸の原因・理由を明らかにするためにセンゲンサマやカンゲェシャに「考えてもらいに行く」という話は白鳥ではよく聞かれる。

また興味深いのは、センゲンサマが方位や日の吉凶といった要因ではなく、「氏神様」という民間信仰の文脈で説明する点である。何故「足の怪我」なのかという点については、「通り道」だから「足の怪我」をしたというように、「足」から喚起される「通り道」のイメージが結びついている。この説明はもはや家相といった知識から導かれたものというよりも、それを超えたより広い知識から導かれたものである。

事例9は専門家であるセンゲンサマが、暗剣殺に当たっているから工事の延期を助言したのを無視した結果の死である。この事例には、専門家の意見を無視してはいけないこと、家相を迷信として無視することの恐ろしさが語られている。白鳥においても「人の嫌うことはするものではない」という形で、家相を迷信視することの恐ろしさが語られている。現代において科学的・合理的な立場から家相を迷信として片付けられることに対する家相見の批判、さらに「人の嫌うことはするものではない」という村の行動規範とが相互補完的な関係となっているといえる。事例9は建物・建築に対する伝統的な意識と現代的な意識との葛藤が如実に表れている。

事例10は事例1とモチーフが類似しており、忌み日の恐ろしさが表されている。

建築後に関わる事例

事例2では連続した火事の要因が、母家の方位で説明されている。この事例は、O家の北向きという白鳥では特殊な住宅の方位に対する説明にもなっている。興味深いのは、火事の要因が二度とも明らかにもかかわらず、その要因を家相に求めている点である。北向きの母屋という白鳥では珍しい家屋が最初の火事で焼けると、東向きに変更する。しかし二度目の火事の後に、合理的な観点から東向きに建てたにもかかわらず、それが何か障りとなったと考え、家の向きに因果関係を求め、また元の不便な北向きに変えてしまう。そこには、住宅に対する意識には決して合理的な側面だけでは理解できない部分が存在していることが示されている。

事例4は結果として直接的には家相と不幸の因果関係はない。しかし、何かしら不幸が続いたときに、その要因を家相が悪いのではと考える思考様式が如実に表出している。また、この事例から家相では仮設された建物は関係がなく、半永久的に建てられる建物だけが問題になることがわかる。

事例5では、ある不幸に対する当事者が想定した解釈とセンゲンサマの解釈に違いがみられる。自己の家の連続した不幸の要因を、樹木に関する民俗知識にもとづいて類推しているのに対して、センゲンサマはそれを否定している。民俗知識と専門家の間の知識と解釈のズレが表れている。

事例6は、非常に家相が良いと言われる家の事例である。災因論として家相が語られる場合、家相が悪くて不幸になったという話がほとんどであり、家相が良くて家が豊かになったとするこの事例はきわめて珍しい。逆に考えるならば、家相というものが意識されるのは、何かしら不幸が続いたときであり、そうした場面での説明として機能するのである。したがって、何もなければ家相など気にしないということの裏返しとも解釈できる。

事例7では、災因論として家相は機能しない。それは、何も不幸が無いために、神棚を動かす必要も動かそうとする契機もなかったのである。これは、「もし何かがあったのなら動かしたかもしれない」という言葉にも表れている。何ら問題がない日常生活のなかで、家相が悪いといわれても説得力はない。一般に家相が災因論として機能するのは、なにかしら科学的・合理的な説明不可能な不幸な事態に陥ったときであって、何も問題がないときには注意が払われないのである。

事例8では「腐れ水」が病気の要因となる。そして、村の寄り合いで、自分の家の家相上悪いから貯水池を移動してくれと頼むことにためらいを感じている。ここには、現代の科学的・合理的な考え方のなかで、ある種迷信として扱われている家相を持ち出すことをためらう気持ちと、それでも病気が治るのならばという気持が葛藤している。この事例には、現代的な科学的合理的な意識と、家相をある部分で信じている伝統的な建物・建築に対する観念との間の葛藤が表れている。

災因論としての家相の特徴

日の吉凶・年回りの吉凶という時間にかかわる災因論には、社会全体にかかわる日の吉凶と個人にかかわる年回りの吉凶があり、それぞれ犯した際の災厄が付随している。先に検討した事例は、災厄の恐ろしさを伝え、結果的に忌み日の存在を強化している。

家相が災因論として登場するのは、家あるいは個人に何かしら不幸が訪れ、科学的・合理的な説明がつかないときである。そのような事態が起こると、カンゲェシャや方位師などに、その要因を考えてもらいに行く。こうした行動は決して特殊なものではなく、社会的に容認されている。しかし災厄の要因を、彼らにまったく下駄を預けるわけではなく、依頼者は自分なりの事態に対する解釈を用意している。それは、自らの経験や書籍で得られた知識にもとづいている。災厄の要因が家相かもしれないと考えた場合には、専門家である方位師の所に相談しに行く。家相以外の要因かもしれないと考えた場合には、カンゲェシャに聞きに行く。

災因の説明自体も、暦や家相の専門的知識にもとづいて判断されるものもあるが、そうした知識とは無縁なものもある。たとえば、事例3は明らかに暦や家相の専門的知識とは関係ない。このように災因論として家相が語られる場合は、専門的知識とは異質なものが入りこんでくる余地がある。

つまり、災因論で語られる家相は、暦や家相の専門的知識にもとづくものもあれば、家相にもとづかないものも含まれている。興味深いのは、これらをすべて含んだものが、家相が悪い結果として語られることである。前述した事例は、家相とは文脈が異なる事例も含まれているが、すべてが家相が悪いための結果として語られているのである。神主・方位師といった専門的知識を持つ人々の家相と、白鳥で語られる家相にはズレが存在する。次にそうしたズレを検討していきたい。

民俗知識と家相

家相における樹木の吉凶

屋敷地内には、さまざまな樹木が植えられている。家相によればそれらの樹木にも吉と凶がある。陰陽道書や大工技術書の中にも樹木の吉凶の説明があり、また近世の家相書の中にもそのことが見受けられる。家相では、樹木を陽木《ようぼく》と陰木《いんぼく》に分け、陽木を植えることを吉とし、陰木を植えることを凶としている。樹木を陰陽に分類することが、家相の基本的な構成原理になっているのである。

家相書における樹木の吉凶

山片三郎著『家相—現代の家相とその考え方—』（学芸出版社、一九八一年）によれば、陽木には、石楠花《しゃくなげ》・一位《あららぎ》・梔《くちなし》・躑躅《つつじ》・柳・杉・山牛蒡《やまごぼう》・梧桐《あおぎり》・槐《えんじゅ》・棗《なつめ》・楓《かえで》・桜・合歓木《ねむのき》・白膠《ぬるで》・牡丹《ぼたん》・槙《まき》・楡《にれ》・柿・紫陽花《あじさい》・青木・木犀《もくせい》・蘭《らん》・桃・松柏《しょうはく》・万年青《おもと》・杜鵑花《さつき》・竹・菊などがある。

陰木には、芭蕉《ばしょう》・棕櫚《しゅろ》・蘇鉄《そてつ》・木瓜《ぼけ》・楠《くす》・楊柳《ようりゅう》・槿《むくげ》・石榴《ざくろ》・樅《もみ》・梨・百日紅《さるすべり》・葡萄《ぶどう》などがあげられている。この他にも陰木には、方位によっては梅・桃・桜・杏《あんず》・柳などが暦本ではあげられている。

民俗知識における樹木の吉凶

一方、民俗知識として、屋敷地内に植える樹木の吉凶があることもよく知られており、白鳥では表22・23のようになっている。

家相における樹木の吉凶と民俗知識のそれを比較すると、吉の樹木として両者に共通するのは柿だけであり、その他は一致しない。民俗知識では甘柿は財産を増やすから吉だが、家相では陽木だから吉なのである。凶の樹木として共通するのは桜である。民俗知識では、桜の派手に咲き散るという桜の木にそなわる特質から凶と判断されているのに対して、家相では、桜は陰木だから凶なのである。また、銀杏は両者で吉凶の判断が全く逆になっている。

このように家相における樹木の吉凶は、陰陽という原理によって分けられた陽木と陰木とであるのに対して、民俗知識では、樹木の生態や外見的特徴から喚起されるイメージが、家の盛衰などに変換したものや、樹木の名称から喚起されるイメージを語呂合わせ的に解釈したものが、樹木の吉凶として語られている。したがって家相と民俗知識とで、ある樹木に対しての吉凶判断が共通していても、判断の原理が根本的に異なるのである。

表22　植えられるのが好まれる樹木とその理由

樹　種	理　由
アガリカキ(あがり柿)	渋柿ではなく，実が甘い柿のことをいい，シンショウが上がり，財産が増える．
黄色い匂いのいい花	カドに植えると，いい娘ができる．
ヤツデ	幸先がいい．
柚子	刺があるため玄関の脇に植えるのは良くないが，鬼門の方角や裏口などに植えると，悪霊避けや盗難避けになる．
ヒイラギ	刺があるため玄関の脇に植えるのは良くないが，鬼門の方角や裏口などに植えると，悪霊避けや盗難避けになる．

表23　植えられるのが嫌われる樹木とその理由

樹　種	理　由
ビワ	貧乏になる．病気が絶えない．
ナシ	「貧乏なし」に通じ，貧乏になる．
ツバキ	花が首が落ちるように一せいに落ちるので，縁起が悪い．
ブドウ	実がぶらさがってなるので，屋敷・シンショウが下がる．
ヒマワリ	ヒマワリの花は，朝は東を向き，夕方には西を向き，太陽と同じ方向に向って咲く．太陽が，上がっていき下がるのと同じように，ヒマワリは夕方にはしおれてしまうため，家が栄えても段々と落ち目になって潰れることに通じるので嫌う．
イチョウ	寺や神社に植えるのはいいが，普通の家に植えるのは良くない．
茶	目が悪くなる．
竹	屋敷の東に植えると，長男が自立しない．
桜	派手に花が咲き，散るので縁起が良くない．またドラ息子が生まれる．
ニッケ	財産・シンショウを持って行かれる．

白鳥の民家は、ほとんどが正面からみて右側に土間のあるミギマエの間取りである。左側に土間のあるヒダリマエの間取りは「死人が出る」「病人が出る」「財産が左前になってしまう」と言われ、それゆえ「ヒダリマエは家相が悪い」とされる。たしかにヒダリマエの住宅は五戸しかない。

ヒダリマエ（左勝手）とミギマエ（右勝手）

それでは、ヒダリマエは家相にもとづくのだろうか。家相図と家相書の内容の検討を通じて考察していこう。

H・H家はヒダリマエの間取りである。同家は家相図を所有しており、その家相図を検討しても、「死人が出る」「病人が出る」「財産が左前になってしまう」という大凶方位に当たる部分はない。門戸・井戸・竈《かまど》・厠《かわや》もとくに大きな問題はなく、大吉とはいかないまでも無難に建てられている。したがって、家相図からはヒダリマエの間取りが大凶ということを読みとることができない。

家相書のヒダリマエ

次にいくつかの家相書の内容に当たってみよう。松浦東鶏『家相大全』（一八〇一年）、松浦国祐『風水園筆草』（一八三一年）、松浦琴鶴『家相秘伝集』（一八四〇年）、白翁平澤『家相千百年眼』（一八四五年）、尾島碩聞『家相新編』（一九〇一年）の五冊の家相書に当たってみたが、土間を正面からみて左側にある間取りを凶とするものは一冊もなかった。そもそも左／右という図式自体が家相説の陰／陽という理論的枠組みとは異質である。したがって、「ヒダリマエの家は家相が悪い」という白鳥で語られる家相は、陰陽五行説・易学にもとづく家相とは異質なものなのである。

しかし、白鳥ではほとんどの住宅がミギマエである。それは、住宅を建築する際に、ムラで皆が嫌っていることや奇抜なものは建てるものではないという、いわば「ムラの家相」によっているからであろう。間取りの決定には、さまざまな人々が直接・間接に関与するが、そうした過程で左勝手を嫌う「ムラの家相」が間取りに影響を与え、左勝手のそれは否定され、右勝手の間取りに決着するものと考えられる。すなわち、家相とは別に、村の建築規範としての「ムラの家相」が存在するのである。

家相観の相対性

このように、家相と、実際にムラで行われている家相説には相違がある。ムラにおける家相には、家相説とは異質な民俗知識も含まれており、ヒダリマエのようなムラの家相とでもいうべき住居観もある。さらに、個人レベルでも、住居観はそれぞれ異なるのである。

なぜ家相が受け入れられたのか？——エピローグ

家相と話者

私が初めて家相図を目にしたのは昭和六二年（一九八七）の夏、福島県大《おお》沼《ぬま》郡昭《しよう》和《わ》村大芦《おおあし》で共同民俗調査を行ったときである。当時、建築儀礼の調査を行っていて、かつて大芦の名主を務めた旧家である故星友美家を訪れ、明治六年（一八七三）に新築した際に作成された家相図を拝見したのが最初である。友美氏自身が自宅を改造する際に、暦書を参考にしながら作成したという家相図も同時に拝見することができた。友美氏は博学で、いわゆる民俗にたいへん明るい方であると同時に方位や暦の吉凶についても詳しかった。

会津での調査は現在も継続しているが、その後、本書でも取り上げた茨城県土浦市白鳥町を中心にして茨城県南部をフィールドにして調査を行った。白鳥ではかつて名主を務めた富岡家で家相図を拝見したが、彼もまた家相に詳しかった。家相の調査を始めた時には気がつかなかったが、家相の調査を行っていると、いわゆる民俗調査で紹介される話者とは多少異なることに気がついた。紹介されるのは、職業や家格は異なるが、家相書や暦書という書籍を所蔵し勉強している人々なのである。言うまでもないがプロの家相見を始めとして、大工、元教師、小作などさまざまな人々であった。依頼があれば家相判断をするセミプロ的な人、個人的な興味から勉強している人などである。

リテラシーと技術の習得

以前、明治から大正にかけて山形県置賜《おきたま》地方で活動した渋谷常蔵という家相見について論じたことがある。貧しい小作の家に生まれた常蔵はリテラシーが低い状況下で、読み書き能力を習得しさらに家相書・易学書の学習により家相見として独り立ちした。風水研究の先駆者であるデ・ホロートは、風水師について興味深いことを指摘している。すなわち、誰でも読み書き能力を習得すれば風水の知識を習得することが可能であり、風水師になれるというのである。風水書を読解するリテラシーがあれば誰でも習得可能というわけである。まさに貧しい小作の家に生まれ一人前の家相見となった常蔵は、デ・ホロートの指摘通りの人物である。また、私がフィールドワークで出会った上述の人々も、程度の差はともあれ、家相見といえるだろう。読み書き能力と家相書を入手し読解すれば、誰でも家相見になれるのである。

私が長年通っている山形県置賜地方には、法印《ほういん》と呼ばれる里修験《さとしゅげん》、ワカと呼ばれる盲目の巫女《ふじょ》がいて、人々の宗教生活に深く関わっている。いうまでもないが、法印になるには修験道が定める厳しい宗教的修行を積む必要がある。ワカは、その成巫《せいふ》過程には個人差はあるが、宗教的資質、シャーマンとしての憑依《ひょうい》技術の習得など宗教的な側面が求められる。しかしながら、家相の場合は、そうした宗教的な修行は一切必要ない。繰り返し述べているように、読み書き能力と書籍があればいいのである。言い換えると技術を習得すれば誰でも家相判断を行うことができる。また、神や仏、霊など宗教的存在とも一切関係ない。この点が宗教と全く異なるのである。したがって、厳しい修行も宗教的能力も不必要な家相は、宗教と違う位相にあり、だからこそ取っつきやすく、受け入れやすいのである。

疑似科学

宗教とは異なる家相は「家相学」「易学」という呼び方に象徴されるように、ある種の「学問」として認識されている。多くの家相書や易学書には、そこに記された内容は荒唐無稽な内容ではなく、古代中国で生まれた知識であり、統計学的な根拠に基づいていること、数千年という歴史の中で蓄積された知識であることが記されている。全くのでたらめではなく、「学問」であるという主張である。

技術を習得すれば誰でも家相判断を行うことができるとはいうものの、難解な家相書を入手したら、まずそれを読破し理解しなければならない。「家相学」の学習が必要不可欠なのである。家相の学習は最初はもっぱら、家相書という書籍を通したものである。学習者にとって、書籍を通して学習するという形であるがゆえに、「学問」という雰囲気が強くなる。

家相書に記された内容を理解し、基本的な知識、知識体系を習得すると次の段階に進む。家相書に記された体系的な論理にもとづいて、知識を運用する、いわば応用問題の段階に進むのである。演繹的《えんえきてき》なそれは専門的な知識を駆使して個別事例を検討し、結果を導かなければならない。すなわち研究する必要がある。それもまたある種の「学問」さらに「研究」という雰囲気を醸し出す。彼らは研究を深化させ、その知識と技術を磨いていくのである。さらに実地での家相判断、いわばフィールドワークを通じて、さまざまな経験を積み重ねることにより、自分自身の家相を確立していくのである。

教養としての家相

先に会津と土浦の名主を務めた旧家の御主人が、家相や暦の吉凶に詳しいことを紹介した。また、つくば市の旧家である桜井家が家相や易学関係の文書を所蔵し、人々から依頼があれば家相判断をしたらしいことを紹介した。実は全国各地の文書館あるいはフィールドでの文書調査経験からいえるのは、名主クラスの家では家相書や雑書・暦書などを所蔵している場合が多いことである。今日では、家相書・暦書などは占い本と位置づけられており、信じる信じないはともかく、高い教養を持つ人々の必需書とはいえないだろう。ところが、名主を務めた旧家では所蔵されているのである。

山形県東置賜郡川西《かわにし》町の竹田又右衛門家は肝煎《きもいり》を務めた旧家で、代々又右衛門を名乗る。現当主の又右衛門氏は昭和一二年（一九三七）生まれである。高校生の時に父が急死したため、十代の若さで突然家を継ぐという重責を担うこととなった。高校生が又右衛門家という名家の冠婚葬祭などの交際、家の経営などの采配をしなければならなくなったのである。幸いにして祖父が存命で、高校の学業と平行して帝王学ともいうべきことを祖父から学んだ。祖父は又右衛門氏に家相判断、暦判断の基本を教えたという。家相なぞ迷信だと思っていた高校生の又右衛門氏であったが、祖父は「迷信かもしれない。しかし、肝煎を務めた我が家は村人からのさまざまな相談に乗らなければならない。家相が迷信だとしても、それを信じている村人からの相談を受けることがある。だから、家相判断・暦判断の基本を知っておかないと、村人の相談に乗ることができない。又右衛門家の当主として必要な教養である」と諭《さと》され、学ばなければならないと思い直したという。祖父は家相判断・暦判断の基本だけでなく、川西町周辺で活動する家相見にはどのような人物がいるか、また過去にどのような家相見がいたかも教えた。前述の渋谷常蔵についても詳細に教えられ、常蔵が作成した家相図の特徴なども教えたという。過去の経緯を知らないと相談を受けた際に助言できないからという配慮からである。

このように又右衛門家では、家相は村の指導者として必要不可欠な教養の一つとされたのである。つくば市の桜井家も同様であった。おそらく、全国各地の名主クラスの旧家が家相書を所蔵していたのは、家相が村の指導者として必要な教養とされていたからではなかろうか。

生活空間から呪的空間

家屋はそこに居住している人々にとって、もっとも身近な生活空間である。自分が住んでいる家屋の間取り、どの部屋が畳敷きでどの部屋が板敷なのか、どこに何が置いてあるか、誰でもすぐに頭に思い浮かぶであろう。また、漠然としていても自分が住んでいる家屋の空間的イメージは誰でも持っている。

私は建築学者と民家調査をする機会がある。彼らが採寸し正確な図面を作成する間、住んでいる方から間取りや部屋の使用法などの聞き書きをする。住んでいる方に間取りを描いてもらうと、部屋の大きさがバラバラであったり、家屋全体から描く人もいれば、座敷から描いたり、今自分が居る部屋から描くなど千差万別である。素人が図面を描くわけであるから作図技術がないため、ラフな図面になるのは当たり前である。古家信平は住んでいる方がどこから描くかによって、居住者の空間認識を理解することができるという興味深い指摘をしている。

建築学者が作成した正確な図面が完成し、それを住んでいる方に見せた時、完成した図面を目の当たりにして「へえー、自分の家はこうなっているのか……」と呟きながらしげしげと図面に見入っている場面を私は何度も目撃したことがある。もっとも身近な生活空間であり、家屋の空間的イメージを持っていても、正確な図面と居住者の生活感覚との間にはどこか微妙にズレが潜んでいるようである。また、身近な居住空間が図示されること自体、居住者にとっては新鮮な驚きなのである。

家相図には方位判断をする基準となる中心点が記されている。基準点の設定方法については先に論じたが、家屋の四隅から引いた点が交差した点とすることが多い。このため基準点は多くの場合、部屋の片隅など、およそ家の中心とは想像も付かないような場所になる。座敷の床柱とか大黒柱が家の中心であると漠然と考えていたのが、普段は全く意識されない、およそ家の中心であるとは想像すらしたことがない場所が、家の中心点であると指摘され図示されることは、居住者にとって非常に大きな驚きである。

さらに基準点から二四方位に分けられ、各方位の吉凶が記されている。たとえば、既存の竈《かまど》が凶、便所は大凶、風呂は吉など、何々は吉、凶と記されているのである。それは普段の日常生活を送る身近な生活空間・見慣れた光景が、一瞬にして吉凶禍福に直結する呪的空間に変化し、図示されたものを目にしていることになる。これはそこに住んでいる人にとってたいへん衝撃的なことである。普段意識せずに生活をしていた空間が、将来の吉凶禍福に深く関わっているのである。

可視的な災因論

凶と判断されたとしたならば、それに対処しなければならない。たとえば、既存の便所が大凶と判断されたと仮定すると、家相見の指示に従い便所を吉となる場所に移すことにより対処できる。他の部分についても対処法は同様である。あくまでも家相が判断対象とするのは家屋、家屋内の間取り、室内設備である。目で見て触れることができる「モノ」が対象である。家相判断を依頼した者も家相見自身も、障《さわ》りとされる対象をその場で、直接その目で見て触れることができる、すなわち可視的なのである。そして、障りを排除するには便所の場所を移したり、たとえば鬼門の方角に窓がありそれが障りの原因ならば板で塞《ふさ》げばいい。つまり、障りに対する対処が物理的なのである。したがって、居住者は家相が悪いと指摘され対処した部分を、直接その目で見て触ることができる。これもまた可視的なのである。障りに対して対処したという実感を持つことができる。

それに対して、たとえば何か不幸が続きシャーマンなどの宗教者に判断してもらったところ、先祖霊が怒っている、怨霊が祟っているなどの託宣が出たとする。シャーマンは障りの原因を特定すると、祈禱などの宗教的行為によりその障りに対処する。シャーマンが

図18　家相絵解き（奈良県天理市）

相手にするのは、神・仏・霊といった超自然的存在である。いうまでもないが、それらは見たり触ったりすることができない、不可視な存在である。また、障りへの対処も祈禱や儀礼などの宗教的行為であるが、障りそのものが不可視であるがゆえに、可視的な家相とは異なり、依頼者は対処したという実感が薄いと考えられる。

　また、前述したように、家相は神・仏・霊といった超自然的存在を前提としていない、言い換えれば宗教ではない。図18は二〇〇七年正月に奈良県天《てん》理《り》市の駅前商店街で撮影したものである。周知の通り、天理市は天理教の総本山があり、街中には一種独特の宗教建築が立ち並んでいる。この写真を撮影した当日、何か大きな行事が開催されていたらしく、大型バスで全国各地から信徒が集まり、街には人があふれていた。家相を絵解きしている女性の周囲には数多くの人々が集まっていたが、おそらくほとんど天理教の信徒であろう。女性の家相の説明を熱心に聞いていて、時折頷《うなず》きながら聞いている人や、「うちも、あそこを直した方がええな」など会話をしながら聞いている夫婦もいた。天理教という宗教の信者が家相を受け入れているのである。これこそ、家相が宗教とも違った位相に存在していることを象徴的に示している。

宗教とは異なる、さらに可視的であること。これが人々が家相を受け入れた最大の要因であると考える。

あとがき

本を執筆するという作業はたいへん苦しいものである。実は本書の執筆と並行して、もう一つ人生で大きな作業に取り組んでいた。家を建てていたのである。

一九五九年（昭和三四）に渋谷区の片隅に祖父が家を建てた。古材を使って建てたと聞いている。一階は八畳間と六畳間の二間、便所と台所、当時のことであるから風呂はなかった。二階は六畳二間と四畳という、たいへん小さな家だった。

祖父が亡くなってからは、室内をリフォームして一階と二階を別々の玄関にして、アパートというのもおこがましいが、とにかく人に貸していた。

元々古い建物である。老朽化が進むのは当然の成り行きである。数年に一回見る機会があったが、次第に古くなっていくのが目に見えた。ついに、二〇〇三年（平成一五）、何かとアパートのことなど細々としたことの相談に載っていただいている、隣で建築事務所を開いている中村さんから、建物が傾いてきて危険であるという連絡を受けた。早速、見に行ってみると、たしかに建物が中村さんの事務所の方に傾いていた。

早速解体することとなり、その後、その土地をどう活用するか家族で話し合い、私が家を建てて住むことに決まった。二〇〇四年のことである。

文字通り猫の額ほどの狭い土地である。加えて、第二種住宅地域・高さ制限・建坪率・日照権など、家を建てるのにクリアーする難問題が山積みであった。父が一級建築士の資格を持っているので、まずはグランドデザインを父に頼み、細かい設計や施工などは中村さんに頼んだ。建物の手抜き工事や耐震偽装事件が問題となっていた時期だけに、施工現場の隣に事務所を構え、しかも祖父の代から数十年お付き合いしている中村さんに頼むのはたいへん心強かった。

グランドデザインは固まっているため、次の段階はその設計計画を現実に可能な形にしていかなければならない。まず最初に検討しなければならなかったのが、我が家の家財道具が収納可能で、さらに快適な生活空間を確保できるかということである。研究者なので本は一般家庭に比べると、半端な量ではない。中村さんが最初に行ったことは、当時、住んでいた江東区深川の公務員宿舎にやって来て、ベッドやタンス、食器棚などの家具の寸法を測ることであった。むろん、本棚のサイズと数も調べた。

中村さんはＣＡＤを使わず昔ながらの図面台で設計図を描く昔気質の方である。次の打ち合わせの時に事務所を訪ねると、百分の一の図面と同じ縮尺で作られた我が家の家具が用意されていた。その図面とミニチュアの家具を使って、どこに家具を置くか、特に大型の食器棚とタンスはどこに置くことができるか、大量の本をどこに置くかなどについて打ち合わせをした。そして、いよいよ具体的なプランを検討することとなった。

細かい部分はともかく、水回り、玄関、階段の位置などが決まった。と言うよりも、道路や敷地、配管の関係でそこにせざるを得ないというのが現実である。ともあれ、ほぼ完全な形のプランが完成した。妻と「ここに何を置こう」ではなく、「ここにしか置けないな」などと話しながら、実際に住んでいる様子をイメージしながら図面を眺めた。

ふと、そう言えば我が家の家相はどうなんだろうと思い、図面を眺め、頭の中でこのあたりが我が家の中心点だなと考え、鬼門はここかと見てみると、ものの見事にトイレと風呂が鬼門とおぼしき場所に位置していた。しかし、全く気にならなかった。本書で家の中心点の設定方法について論じたが、私は物差しを使って正確に家の四隅から線を引いて家の中心点を割り出すことすらしなかった。風水・家相の研究をしていながら、図面が完成するまで、まったく家相のことは意識しなかった。ただただどういう風に住もうか、銀行の住宅ローンはどうしょうかという現実的な問題しか頭になかったのである。

鬼門の方角にトイレと風呂があるからプランを変更しようとか、不安に思うことは一切無かった。そう言えば、深川の公務員宿舎のトイレも鬼門の方角だった。ちょうど勤務先に跡見学園女子大学の村田あが先生を非常勤講師にお呼びしていた。図面をお見せして、「もし宮内家が一年以内に不幸に見舞われたら家相は正しい信じるべきだという論文が書けるし、何もなかったら家相は信じるに足らないという論文が書ける」と冗談を言い合っていた。

前著『家相の民俗学』を出版してから、講演会などで話をする機会がある。受講者から自分の家の家相はどうですか? という質問を受けることもある。我が家のトイレと風呂の話、先に紹介した冗談を話すと受講者は驚かれる。風水・家相を研究しているから、当然信じていると思われるのである。

二〇〇六年の秋に新居が完成し、今年で三度目の正月を迎える。その間、我が家は災禍無く暮らしている。私自信は家相を信じていないが、声高に否定するつもりは毛頭ない。それで安心を得ることができるのであれば、気にする人は気にすればいいと思っている。

末筆であるが、前著に引き続き校正を快く引き受けてくれた、お茶の水女子大学大学院人間文化創成科学研究科の原口碧さんに感謝したい。また、延々と筆が進まない怠惰な私を暖かく見守ってくれた吉川弘文館編集部にも感謝したい。最後に、著書の最初の読者となった妻の淑乃、我が家のリビングに飾ってある大潮展で奨励賞を取った素敵な絵を描いた長男の祐、それにインスパイアーされてリビングの壁にクレヨンで大きな落書きをした次男の蒼に感謝したい。ありがとう！

二〇〇八年一二月二四日　茗荷谷にて

宮内貴久

参考文献

荒木睦彦　一九九二『建築と都市のフォークロア—日本の民俗空間を読む—』彰国社

ＩＮＡＸ編　一九九二『風水とデザイン』（『住空間の冒険』四号）ＩＮＡＸ

遠藤克己　一九八五『近世陰陽道史の研究』未来工房

大河直躬　一九八六『住まいの人類学』平凡社

一九九五「江戸時代家相書の研究　3家相家神谷古暦について」『日本建築学会学術講演梗概集』日本建築学会

大庭　脩　一九六七『江戸時代における唐船持渡書の研究』関西大学東西学術研究所

一九八四『江戸時代における中国文化受容の研究』同朋舎出版

小口千明　二〇〇二『日本人の相対的環境観—「好まれない空間」の歴史地理学—』古今書院

尾島碩聞　一九〇一『家相新編』礫楽文庫

神田由築　二〇〇五「文化の大衆化」歴史学研究会・日本史研究会編『日本史講座』七巻　東京大学出版会

何　暁昕　一九九五『風水探源—中国風水の歴史と実際—』三浦國雄監訳　人文書院

窪徳忠編　一九九〇『沖縄の風水』平河出版社

小池淳一・林淳編　二〇〇二『陰陽道の講義』嵯峨野書院

黄　永融　一九九九　『風水都市―歴史都市の空間構成―』学芸出版
今田洋三　一九七七　『江戸の本屋さん』ＮＨＫブックス
柴田光彦　一九七五　「江戸の知識人と占い―馬琴と方位・吉凶をめぐって―」『歴史読本』二〇巻一六号　新人物往来社
　一九八三　『大惣蔵書目録と研究…貸本屋大野屋惣兵衛旧蔵書目』青裳堂書店
島村恭則　二〇〇一　「日本の現代民話再考―韓国・中国との比較から―」筑波大学民俗学研究室編『心意と信仰の民俗』吉川弘文館
鈴木一馨　二〇〇二　「日本における風水と陰陽道」林淳・小池淳一編『陰陽道の講義』嵯峨野書院
清家　清　一九六九　『家相の科学』光文社
　一九七六　『家相の俗信迷信』スチールデザイン
高埜利彦　一九九二　「近世陰陽道の編成と組織」『陰陽道叢書近世』三　名著出版
高橋　敏　一九八五　『民衆と豪農―幕末明治の村落社会―』未来社
高牧　實　二〇〇三　『馬琴一家の江戸暮らし』中公新書
滝沢馬琴　一九七三　『馬琴日記』洞富雄・暉峻康隆・木村三四吾・柴田光彦校訂　中央公論社
竹内誠編　一九九三　『日本の近世一四巻　文化の大衆化』中央公論社
玉置豊次郎　一九六一　「家相各派に就いて」『日本建築学会論文報告集』六九号　日本建築学会
崔　昌祚　一九九七　『韓国の風水思想』三浦國雄監訳　人文書院
朝鮮総督府　一九三一　『朝鮮の風水』国書刊行会

デ・ホロート　一九八六『中国の風水思想―古代地相術のバラード―』牧尾良海訳　第一書房
内藤　昌　一九六一「大工技術書について」『建築史研究』三〇　建築史研究会
永井規男　一九八三「永島家住宅の家相図」『丹後郷土資料館報』四　京都府立丹後郷土資料館
中村璋八　一九八四『日本陰陽道書の研究』汲古書院
日中文化交流史研究会編　一九八五『東大寺図書館蔵「聖徳太子伝暦」影印と研究』桜楓社
日本建築学会編　一九九八「特集　アジアの風水・日本の家相」『建築雑誌』一〇三一―一四一七
野崎充彦　一九九四『韓国の風水師たち―今よみがえる龍脈―』人文書院
服部幸雄　二〇〇三『江戸歌舞伎文化論』平凡社
林　淳　二〇〇五『近世陰陽道の研究』吉川弘文館
菱田隆昭　一九九四「玉松堂における寺子屋教育の一考察―日課・休日・行事を通して―」『國學院大学教育学研究室紀要』二八号　國學院大学文学部教職課程研究室
一九九五「玉松堂における寺子屋教育の一考察―師匠の教養と学習内容を通して―」『学術研究（教育・社会教育・体育学編）』四四号　早稲田大学教育学部
ベルナール・フランク　一九八九『方忌みと方違い』岩波書店
牧尾良海　一九九四『風水思想論考』山喜房佛書林
三浦國男　一九九四『気の中国文化―気孔・養生・風水・易―』創元社
一九九五『風水　中国人のトポス』平凡社
宮内貴久　二〇〇六『家相の民俗学』吉川弘文館

宮田　登　一九九二『日和見』平凡社
村田あが　一九九五「テーマ書評・風水」『日経アーキテクチュア』一九九五年一月三〇日号　日経BP社
村山修一　一九八一『日本陰陽道史総説』塙書房
森銑三・中島理寿編　一九七六『近世人名録集成』勉誠社
山片三郎　一九八一「家相―現代の家相とその考え方―」学芸出版社
横山　敬　一九八一「家相という言葉と江戸時代の家相書について」『日本建築学会学術講演梗概集』日本建築学会
渡邊欣雄　一九九〇『風水思想と東アジア』人文書院
　　一九九二『民俗知識論の課題―沖縄の知識人類学―』凱風社
　　一九九四『風水　気の景観地理学』人文書院
　　二〇〇一『風水の社会人類学―沖縄とその周辺比較―』風響社

史料

神郡周校注　一九八一「塵塚談」『古典文庫』五四冊　現代思想社
埼玉県教育委員会編　一九六八『埼玉県史別冊資料　寺子屋玉松堂日記』
佐藤常雄・徳永光俊・江藤彰彦編　一九九八『日本農書全書』六二　農山漁村文化協会

鈴木棠三・小池章太郎編　一九八七『藤岡屋日記』一巻　三一書房
関儀一郎編纂　一九七一「随意録」『日本儒林叢書』一巻　鳳出版
茅ヶ崎市　二〇〇二「我身一代夢懺悔」『茅ヶ崎市史史料集』第四集
土浦市教育委員会編　一九八〇『土浦市史民俗編』
中村幸彦編　一九七五「町人嚢」『日本思想史大系』五九　岩波書店
中山尚夫校注　一九八一「六あみだ詣」『古典文庫』四二三冊　現代思想社
日本随筆大成編輯部　一九七三「兎園小説」『日本随筆大成』二期一巻　吉川弘文館
　一九七四「閑窓自語」『日本随筆大成』二期八巻　吉川弘文館
　一九七四「闇の曙」『日本随筆大成』二期二二巻　吉川弘文館
　一九七五「過庭起談」『日本随筆大成』一期九巻　吉川弘文館
　一九七五「閉窓瑣談」『日本随筆大成』一期一二巻　吉川弘文館
　一九七六「東牖子」『日本随筆大成』一期一九巻　吉川弘文館
　一九七七「しりうごと」『日本随筆大成』三期一一巻　吉川弘文館
　一九九五「癇癖談」『日本随筆大成』三期五巻　吉川弘文館
水田紀久他編　一九七三「夢の代」『日本思想史大系』四三　岩波書店

著者紹介

一九六六年、岩手県に生まれる

一九九七年、筑波大学大学院博士課程歴史・人類学研究科単位取得退学

現在、お茶の水女子大学大学院人間文化創成科学研究科准教授、博士(文学)

主要著書

家相の民俗学

歴史文化ライブラリー

270

風水と家相の歴史

二〇〇九年(平成二十一)五月一日　第一刷発行

著　者　宮《みや》内《うち》貴《たか》久《ひさ》

発行者　前田求恭

発行所　株式会社　吉川弘文館

東京都文京区本郷七丁目二番八号

郵便番号一一三—〇〇三三

電話〇三—三八一三—九一五一〈代表〉

振替口座〇〇一〇〇—五—二四四

http://www.yoshikawa-k.co.jp/

印刷＝株式会社 平文社

製本＝ナショナル製本協同組合

装幀＝清水良洋・長谷川有香

歴史文化ライブラリー

1996.10

刊行のことば

現今の日本および国際社会は、さまざまな面で大変動の時代を迎えておりますが、近づきつつある二十一世紀は人類史の到達点として、物質的な繁栄のみならず文化や自然・社会環境を謳歌できる平和な社会でなければなりません。しかしながら高度成長・技術革新にともなう急激な変貌は「自己本位な刹那主義」の風潮を生みだし、先人が築いてきた歴史や文化に学ぶ余裕もなく、いまだ明るい人類の将来が展望できていないようにも見えます。このような状況を踏まえ、よりよい二十一世紀社会を築くために、人類誕生から現在に至る「人類の遺産・教訓」としてのあらゆる分野の歴史と文化を「歴史文化ライブラリー」として刊行することといたしました。

小社は、安政四年(一八五七)の創業以来、一貫して歴史学を中心とした専門出版社として書籍を刊行しつづけてまいりました。その経験を生かし、学問成果にもとづいた本叢書を刊行し社会的要請に応えて行きたいと考えております。

現代は、マスメディアが発達した高度情報化社会といわれますが、私どもはあくまでも活字を主体とした出版こそ、ものの本質を考える基礎と信じ、本叢書をとおして社会に訴えてまいりたいと思います。これから生まれでる一冊一冊が、それぞれの読者を知的冒険の旅へと誘い、希望に満ちた人類の未来を構築する糧となれば幸いです。

吉川弘文館

〈オンデマンド版〉
風水と家相の歴史

歴史文化ライブラリー
270

2021年（令和3）10月1日　発行

著　者　宮《みや》内《うち》貴《たか》久《ひさ》
発行者　吉　川　道　郎
発行所　株式会社　吉川弘文館
〒113-0033　東京都文京区本郷7丁目2番8号
TEL　03-3813-9151〈代表〉
URL　http://www.yoshikawa-k.co.jp/

印刷・製本　大日本印刷株式会社
装　幀　清水良洋・宮崎萌美

宮内貴久（1966～）

ISBN978-4-642-75670-9